La consécration des femmes au ministère pastoral

Roland Meyer

La consécration des femmes au ministère pastoral

Étude en ecclésiologie adventiste

Édition : BoD · Books on Demand, 31 avenue Saint-Rémy, 57600 Forbach, bod@bod.fr
Impression : Libri Plureos GmbH, Friedensallee 273, 22763 Hamburg (Allemagne)

ISBN : 978-2-8106-2924-4
Dépôt légal : février 2025

Quelques publications du même auteur

La vie après la mort. Saint Paul défenseur de la résurrection, Lausanne, Belle Rivière, 1989.

« La mort et la résurrection », dans Roland Meyer (éd.), *Cheminer avec Dieu*, Lausanne, Belle Rivière, 1995.

Le retour à la vie, Dammarie-lès-Lys, Vie et Santé, (1997), 2010.

« La transformation finale : lecture de 1 Corinthiens 15.35-58 », dans *De l'anthropologie à la christologie*. Mélanges offerts à Jean Zürcher, Collonges-sous-Salève, Faculté adventiste de théologie, 1998. Texte publié également en espagnol : « La transformation final : commentario sobre 1 Corintios 15.35-58 », dans *De la antropologia a la cristologia*. Homenaje a Jean Zürcher, Barcelona, Aula7activa-Aeguae, 2005.

Reflets d'actualité, Collonges-sous-Salève/Dammarie-lès-Lys, Faculté adventiste de théologie/Vie et Santé, 2007.

Paul et les femmes, Collonges-sous-Salève/Dammarie-les-Lys, Faculté adventiste de théologie/Vie et Santé, 2013.

« L'homme et la femme, créatures divines à l'image et à la ressemblance de Dieu », dans Jiri Moskala (éd.), *Creation, Life and Hope*. Essays in Honor of Jacques B. Doukhan, Berrien Springs, Andrews University, 2000.

« La mort et la résurrection dans la théologie biblique », dans Roberto Badenas (éd.), *Autour de la croix : confrontations et conciliations*. Mélanges offerts à Georges Stéveny, Collonges-sous-Salève, Faculté adventiste de théologie, 2003.

« Pourquoi Jésus est-il mort sur la croix ? », dans Roland Meyer (éd.), *Pistis*. Mélanges offerts à Richard Lehmann, Collonges-sous-Salève/Dammarie-lès-Lys, Faculté adventiste de théologie/Vie et Santé, 2010.

« Etude de la pensée paulinienne sur l'acte salvifique de 1 Corinthiens 15.27-28 », dans Ramon Gelabert et Victor M. Armenteros (éd.), *Al aire del Espiritu*, Festschrift al Dr. Roberto Badenas, Entre Rios, Universidad

Adventista del Plata, 2013. Texte publié également en anglais : « A Study of Paul's Concept of the Saving Act of 1 Corinthians 15:27-28 », dans Paul Petersen and Rob McIver (ed.), *Biblical and Theological Studies on the Trinity*, Adelaide, ATF/Avondale Academic Press, 2014, p. 47-63.

« De retour sur le chemin... », dans Frédéric Rognon (éd.), *Vivre la Fraternité*. La Nuit des Thèses, Paris, Ampelos, 2018.

A paraître

Ce que Paul a dit des femmes, Empreinte temps présent.
1 Corinthians, Seventh-day Adventist International Bible Commentary, Pacific Press/Review and Herald.
« The Hope of Resurrection in 1 Corinthians 15 », ouvrage collectif, Andrews University Press.
« Baptism for the Dead (1 Corinthians 15.29) », ouvrage collectif, Andrews University Press.

En préparation

Le Christ de l'Apocalypse. Petite christologie.
Le retour à la vie. Réécriture du livre paru en 1997.

*Je dédie ce livre
à toutes les femmes qui servent
l'Eglise dans le ministère pastoral.*

« Certaines femmes devraient être employées pour exercer le ministère de l'Evangile. A bien des égards, elles feraient plus de bien que les prédicateurs qui négligent de visiter le troupeau de Dieu ».

Ellen White, *Manuscrit* 43a, 1898.

Avant-propos

L'histoire nous apprend qu'avant même de s'organiser en tant qu'Eglise adventiste du septième jour en 1863, celles et ceux qui attendaient le retour du Christ étaient convaincus qu'il fallait prêcher ce message au monde entier. Très rapidement il fut décidé de consacrer des personnes de confiance pour prêcher le message et accomplir les actes solennels au sein de la communauté naissante.

The Adventist Review and Sabbath Herald du 15 novembre 1853, soit une dizaine d'années avant l'organisation officielle de l'Eglise, rapporte les nouvelles de l'assemblée qui a eu lieu à New Haven, dans le Vermont, aux Etats-Unis. Selon l'article de James White, l'éditeur de la revue, nous avons le récit de ce qui fut sans doute la première consécration au ministère pastoral :

> « Cette assemblée se tint dans l'école près de chez frère E. Everts. [...] Il fut décidé qu'il y avait des personnes présentes qui devaient être consacrées à l'œuvre du ministère de l'Évangile. [...] Ce fut l'expression unanime de tous ceux qui étaient présents que nos chers frères J. N. Andrews, A. S. Hutchins et C. W. Sperry devaient être mis à part pour l'œuvre du ministère (afin qu'ils puissent se sentir libres d'administrer les ordonnances de l'Eglise de Dieu) par la prière et l'imposition des mains ».[1]

Si l'on retrace l'histoire de l'adventisme en Europe, il ne faut pas oublier de mentionner Michael Belina Czechowski, ancien prêtre polonais. Lors de son voyage aux Etats-Unis, il fut consacré à la prédication par l'*American Baptist Home Society* en 1852.[2] C'est en 1856 qu'il découvre le message adventiste. Il revient en Europe en 1864. Le 7 février 1866, alors qu'il travaille dans la région de Neuchâtel, Czechowski baptise Jean-David Geymet

---

[1] James White, « Eastern Tour », *The Adventist Review and Sabbath Herald*, 15 novembre 1853, p. 148.

[2] Karl Waber, *Aperçu de l'histoire des adventistes du septième jour en Suisse de 1865 à 1901*, Krattigen, Advent-Verlag Schweiz, 2024, p. 10-11.

dans le lac de Neuchâtel : « Ce fut donc le tout premier baptême adventiste en Suisse ».[3] Le 19 août de cette même année, il baptise d'autres personnes, dont Jean-David Hanhardt qu'il consacre, ce même jour, au ministère de la prédication. L'année suivante Czechowski lui délivre une lettre de créance qu'il rédigea personnellement.

Des deux côtés de l'Atlantique, le besoin de consacrer des hommes au ministère de la prédication se fait sentir avant même que l'Eglise adventiste du septième jour ne s'organise administrativement. Qu'en est-il alors du rôle des femmes dans le développement de cette nouvelle Eglise ?

---

[3] Karl Waber, *Aperçu de l'histoire des adventistes du septième jour en Suisse de 1865 à 1901*, p. 16.

Introduction

Il s'en est dit des choses sur les femmes, ou plutôt contre les femmes dans notre monde. Depuis que le mal a fait irruption en Eden, les hommes se déchaînent contre la femme, lui faisant porter tout ce qu'il n'est pas capable de supporter.

Pourquoi un homme lève-t-il si facilement la main contre une femme ? De quel droit tant d'hommes maltraitent-ils leurs compagnes ? Serait-ce un aveu de faiblesse et une reconnaissance ouverte d'un profond malaise que de maltraiter celles qui constituent la moitié de l'humanité ? Croyant qu'il a des droits, l'homme en oublie ses devoirs. Qu'est-ce qui motive chez lui ce besoin de domination ?

Les philosophes anciens, les politiques, les religions anciennes et modernes se sont ligués pour faire de l'homme le puissant et de la femme la faible. Pour faire de l'homme le dominant et de la femme la dominée. Mais où sont donc les textes qui justifient cette position dominatrice de l'homme sur la femme ?

Platon, philosophe grec du IVe siècle av. J.-C. encourageait l'éducation de la femme car il considérait qu'elle pouvait partager les tâches masculines, mais disait-il « en toutes choses la femme est un être plus faible que l'homme ».[4] Pour Xénophon, historien et philosophe grec du IVe siècle av. J.-C., l'homme et la femme sont complémentaires, mais la divinité a donné à la femme un corps moins résistant et l'a chargée des travaux de la maison.[5] Pour Philon d'Alexandrie, philosophe juif hellénisé, qui vécut à la fin du Ier siècle av. J.-C. et au début du Ier siècle apr. J.-C., « Ce qui est à l'origine de la transgression et de l'iniquité, c'est (la nature) la plus imparfaite et mauvaise de la femme, mais, (à l'origine) de la pudeur et de tout bien, il y a l'homme, en tant que le meilleur et le plus parfait ».[6] Quant à Sénèque, philosophe latin, contemporain de Jésus, il considère que les deux sexes sont égaux, mais l'un est né

---

[4] Platon, *La République. Du régime politique* V, 455b-e.

[5] Xénophon, *Économique* VII, 22-28.

[6] Philon d'Alexandrie, *Quaestiones in Genesim* I, 43.

pour obéir et l'autre pour commander.[7] Ce livre pourrait être rempli de citations de ce genre allant du début de la rédaction des textes jusqu'à notre époque contemporaine. Mais nous avons mieux à faire que de laisser la parole à ceux qui veulent que les femmes se taisent.

L'ignorance scientifique a généré des concepts erronés dont les conséquences négatives se mesurent encore à l'heure actuelle malgré les progrès de la science : les femmes sont faibles et incapables de diriger. Elles ne sont bonnes qu'à être soumises, à faire des enfants et à les éduquer. Voilà qui est dit pour ceux qui aiment dominer.

Nous restons bloqués sur des propos qui ont traversé les civilisations et qui ont eu pour but de mettre en avant la force de l'homme et de considérer que la place de la femme était de lui être soumise. Certains théologiens vont même jusqu'à essayer de montrer que le plan de Dieu, lors de la création de l'homme et de la femme, dont le récit est rapporté dans le livre de la Genèse aux chapitres 1 et 2, était d'établir une hiérarchie et de faire de l'homme le dominateur de la femme. Qu'en est-il au sein de l'Eglise adventiste ?

L'Eglise adventiste du septième jour s'est organisée aux Etats-Unis il y a plus de 150 ans. Après l'étude des textes bibliques il a semblé bon aux administrateurs de l'époque d'intégrer dans l'organisation des Eglises locales des diacres et des anciens. Quant au pasteur, ses responsabilités pouvaient aussi bien s'exercer dans l'Eglise locale qu'à la surface de la terre. Mais en reprenant partiellement l'organisation de l'Eglise chrétienne naissante au Ier siècle et en adaptant certains textes à nos besoins administratifs, quelle place a-t-on laissée aux femmes ?

Toute décision mérite réflexion. Le drame dans l'histoire de l'humanité est que trop souvent les décisions sont prises sans toujours beaucoup d'objectivité et de partage d'opinions. C'est plutôt la radicalisation qui prédomine et donc le clivage entre la droite et la gauche, entre les conservateurs et les libéraux, entre les fondamentalistes et les progressistes. La religion semble être passée maître dans les extrêmes. Toute religion, y compris la nôtre, peut devenir nocive si elle n'intègre pas un minimum d'étude du fait religieux et ne l'étudie pas avec les outils adaptés à une telle démarche. Les religions sont généralement ancrées dans des fondements très anciens, vieux de plusieurs

---

[7] Sénèque, *De la constance du sage* I, 1.

millénaires. Les textes fondateurs des religions utilisent le vocabulaire inscrit dans les cultures de l'époque sans imaginer les difficultés d'interprétation que cela pourrait/pourra poser aux lecteurs des siècles et des millénaires à venir.

La lecture sexiste des textes bibliques est évidente dans une partie de notre Eglise et elle est défendue par des théologiens fondamentalistes.

Le débat n'est pas simple, si l'on peut parler de débat. Je devrais plutôt dire que les arguments des deux camps ne sont pas fondés sur les mêmes raisonnements. Nous le verrons au cours de ce développement.

Je dois préciser ici que deux livres, parus respectivement en 1998 et en 2000, ont considérablement relancé la question de la consécration de la femme au ministère pastoral. Le premier est écrit par des théologiens du Séminaire adventiste de l'Université Andrews, aux Etats-Unis, qui montrent par l'exégèse des textes bibliques que les auteurs de ces textes ne s'intéressent pas à cette question, mais qu'il n'y a aucun texte qui pourrait faire croire que la consécration des femmes au ministère pastoral est interdite par la Bible. Ce livre s'intitule *Women in Ministry. Biblical & Historical Perspectives*[8] (Les Femmes dans le ministère. Perspectives bibliques et historiques).

Le deuxième livre est la réponse au premier par des auteurs chargés de critiquer les propos tenus par les auteurs favorables à la consécration des femmes et de justifier leurs positions contre la consécration des femmes. Ce livre s'intitule *Prove All Things: A Response to Women in Ministry*[9] (Prouvez toutes choses : Une réponse [au livre] Les Femmes dans le ministère). J'aurai l'occasion de revenir sur ces deux livres et leurs auteurs dans les pages qui suivent.

Selon les dernières statistiques de 2023[10] le nombre de membres de l'Eglise adventiste dans le monde est de 22'234'406. Au cours de son histoire l'Eglise adventiste s'est développée de manière inégale. Dans certaines

---

[8]   Nancy Vyhmeister (éd.), *Women in Ministry. Biblical & Historical Perspectives*, Berrien Springs, MI, Andrews University Press, 1998 (439 p.).

[9]   Mercedes H. Dyer (éd.), *Prove All Things, a Response to Women in Ministry*, Berrien Springs, MI, Adventists Affirm, 2000 (423 p.).

[10]   *2023 Annual Statistical Report, New Series, Volume 5. Report of the General Conference of Seventh-day Adventists' 2022 Statistics.* Office of Archives, Statistics, and Research. Seventh-day Adventist Church, 12501 Old Columbia Pike, Silver Spring, MD 20904.

régions, la croissance numérique des membres est beaucoup plus forte que dans d'autres. Il suffit de considérer les dernières statistiques de 2023 pour s'en convaincre : Amérique du Nord 5.6 %, Europe 1.5 %, Asie 17 %, Amérique du Sud 28.3 %, Afrique 44.6 %, Australie 3 %. Cette photo nous indique que les premières régions du monde touchées par le message adventiste (Amérique du Nord, Europe et Australie) comptent maintenant 10 % des membres d'Eglise contre 90 % pour le reste du monde (Amérique du Sud, Afrique et Asie).

Progressivement, et nous le verrons plus loin, les adventistes en session plénière de la Conférence générale ont modifié le règlement concernant le diaconat et l'ancrennat et l'ont adapté en fonction de l'époque et des lieux géographiques. Les diaconesses ont progressivement été consacrées comme les diacres l'étaient depuis toujours et la liberté a été accordée aux Divisions qui le souhaitaient de consacrer les femmes à l'ancrennat. Malgré les nombreuses demandes et démarches effectuées, la liberté de consacrer les femmes au ministère pastoral dans les Divisions qui le souhaiteraient n'a toujours pas été accordée. La raison principalement avancée est celle de l'unité. Malheureusement unité et uniformité sont parfois confondues. Il me semble que l'unité ne requiert pas l'uniformité.

Dans le livre que vous avez sous les yeux, je présenterai en premier lieu la place des femmes dans l'Eglise adventiste et je montrerai que dès ses débuts l'Eglise a confié des responsabilités aux femmes et aux hommes. Néanmoins la consécration des femmes au ministère pastoral n'est toujours pas d'actualité. Je présenterai les principaux arguments des opposants avant de considérer les textes bibliques et de les laisser parler. Quelques pages seront consacrées à définir des expressions telles que *ordination, consécration, imposition des mains* et *présentation à Dieu*. L'un des plus grands théologiens de l'Eglise adventiste, le Professeur Raoul Dederen (1925-2016)[11] qui a enseigné à la Faculté adventiste de théologie de Collonges-sous-Salève, en France (à son époque connue sous le nom de Séminaire adventiste du Salève), puis au Séminaire de théologie de l'Université Andrews aux Etats-Unis, a beaucoup

---

[11] Raoul Dederen a enseigné et écrit sur les domaines de la révélation, de l'inspiration, de l'herméneutique, de la christologie, de la sotériologie et de l'ecclésiologie. Ces domaines lui semblaient être le fondement de tout le reste.

réfléchi à la question de la consécration et en particulier à celle de la consécration des femmes au ministère pastoral. Je ferai un bref résumé de sa pensée. Je terminerai alors par une synthèse et une ouverture.

Depuis un demi-siècle maintenant que je suis confronté aux questions concernant la place de la femme dans la société, dans la famille et dans l'Eglise, et que je m'y intéresse, je suis contraint de constater que l'Eglise adventiste n'a pas suffisamment pris le temps de réfléchir collégialement à une ecclésiologie et à une théologie de la consécration.

La place de la femme dans l'Eglise adventiste

Dès ses débuts, l'Eglise adventiste a laissé une grande place à la femme, considérant que la Bonne nouvelle devait être portée au monde entier par des femmes et des hommes convaincus que Dieu les appelait à cette mission.

Déjà, en 1898, Ellen White écrivait que « Certaines femmes devraient être employées pour exercer le ministère de l'Evangile. A bien des égards, elles feraient plus de bien que les prédicateurs qui négligent de visiter le troupeau de Dieu ».[12] Peu de temps après, en 1902, Ellen White écrivait que

> « Le Seigneur a une tâche pour les femmes aussi bien que pour les hommes. Elles peuvent participer à son œuvre en cette époque de crise, et il peut agir par leur intermédiaire. Si elles sont pénétrées du sens de leurs responsabilités et travaillent sous l'influence du Saint-Esprit, elles auront la maîtrise de soi requise pour notre temps. Le Seigneur fera luire sur ces femmes consacrées la lumière de sa face et leur communiquera une puissance supérieure à celle des hommes ».[13]

S'il est vrai que l'Eglise adventiste a accordé une place importante à la femme dès le début de son organisation, il est également vrai que cette place n'a pas toujours été égale à celle de l'homme. Pour s'en convaincre, il suffit de considérer la question du diaconat.

Au sujet des diacres et des diaconesses, le *Manuel d'Eglise* de 1935 [1932 en anglais] dit ceci : « Un diacre nouvellement élu ne peut entrer en fonction que lorsqu'il a reçu l'imposition des mains par un prédicateur consacré, reconnu par la Conférence [Fédération] ».[14]

---

[12] Ellen G. White, *Manuscrit* 43a, 1898. Texte publié dans Ellen White, *Evangéliser*, Dammarie les Lys, Vie et Santé, 1986, p. 425.

[13] Ellen G. White, « Words to Lay Members », *The Adventist Review and Sabbath Herald*, 26 août 1902, p. 7. Texte publié dans *Evangéliser*, p. 419.

[14] *Manuel d'Eglise*, Dammarie-les-Lys, Les Signes des Temps, [1932] 1935, p. 34.

Concernant les baptêmes et la Cène, ce même *Manuel d'Eglise* dit : « Le diacre n'a pas la qualité pour présider la célébration de l'une ou de l'autre des cérémonies symboliques ».[15]

Quant aux diaconesses, voici ce qu'il est dit : « Au premier siècle déjà, les diaconesses faisaient partie du personnel dirigeant des églises. […] On ne voit pas, cependant, qu'elles fussent consacrées. Pour cette raison, notre dénomination ne leur donne pas la consécration ».[16]

Jusqu'en 1995, les diaconesses sont « élues ». Il n'est pas même fait mention d'une prière qui marquerait leur entrée en fonction. Cela change dès cette date : « l'Eglise peut organiser une cérémonie d'installation [*induction*] de diaconesses, présidée par un pasteur consacré titulaire d'une lettre de créance valide ».[17]

A partir de la session de la Conférence générale d'Atlanta en 2010, les diaconesses peuvent être consacrées comme les hommes.[18] Il faut attendre 2022 pour lire ce qui suit dans le *Manuel d'Eglise* : « Si une ancienne est nommée diaconesse, elle n'aura pas besoin d'être consacrée comme telle, car sa consécration comme ancienne couvre également cette fonction ».[19] Il aura fallu attendre 160 ans pour écrire noir sur blanc que les femmes sont consacrées au diaconat et à l'anciennat, comme c'est le cas pour les hommes, depuis toujours.

Un petit retour dans l'histoire nous apprend que l'Eglise d'Ashfield, à Sydney en Australie, consacrait déjà les diaconesses en 1895, lors du séjour d'Ellen White en Australie.

L'histoire nous apprend que certaines femmes ont déjà exercé la fonction de présidentes de Fédérations au sein de notre Eglise. Le travail d'Eric Richter, professeur à la Faculté de théologie de River Plate Adventist University, en Argentine, permet de pénétrer au cœur de cette histoire oubliée. Je reprends ci-dessous quelques éléments publiés dans son article intitulé « Women Conference

---

[15] *Manuel d'Eglise*, Dammarie-les-Lys, Les Signes des Temps, [1932] 1935, p. 36.

[16] *Ibid.*

[17] *Manuel d'Eglise*, Dammarie-les-Lys, Vie et Santé, [1995] 1997, p. 55.

[18] *Manuel d'Eglise*, Dammarie-les-Lys, Vie et Santé, [2010] 2011, p. 109.

[19] *Manuel d'Eglise*, Doral, Inter-American Division Publishing Association, 2022, p. 79.

Presidents : a Forgotten History »[20] (Les femmes présidentes de Fédérations : une histoire oubliée).

Flora Plummer a été la première présidente d'une Fédération, la Fédération de l'Iowa, en 1900. Lorena Florence (Flora pour sa famille) est née le 27 avril 1862, dans l'Indiana. Elle a épousé Frank Plummer le 12 juillet 1883. Flora a rejoint l'Eglise adventiste en 1886. Arthur Daniells, qui deviendra plus tard président de la Conférence générale, a remarqué ses talents et a souhaité sa collaboration dans l'évangélisation de la ville où elle habitait, Des Moines. Elle y a accompli un travail missionnaire considérable.

En 1891 elle a été nommée directrice de l'Association de l'Ecole du Sabbat de l'Iowa. En 1892 elle a reçu une lettre de créance (*ministerial licence*), et en 1897 elle a été nommée secrétaire de la Fédération de l'Iowa. Durant la période où la Fédération de l'Iowa n'avait pas de président, c'est Flora Plummer qui a assuré l'intérim, en 1900. Dès 1901 elle a assuré le secrétariat du département de l'Ecole du Sabbat à la Conférence générale. Et elle en a pris la direction en 1913 jusqu'en 1936. C'est elle qui a organisé l'Ecole du Sabbat telle que nous la connaissons encore aujourd'hui.

La deuxième femme à avoir exercé la charge de présidente de Fédération est Petra Tunheim, née le 18 février 1871 à Hatteland en Norvège. En 1892, après la mort de son père, elle émigre aux Etats-Unis avec sa mère et quatre de ses frères. C'est là qu'elle a connu l'Eglise adventiste. En 1903 elle se rend en Australie et devient représentante évangéliste. En 1906 elle est missionnaire à Java. Partout où elle passait elle évangélisait et répandait de la littérature religieuse. En 1913 la Mission de Java Ouest était organisée et Petra Tunheim fut nommée présidente et trésorière.

Phyllis Mosley Ware a été élue présidente de la Central States Conference aux Etats-Unis en 1994. Elle a fait ses hautes études commerciales à l'Université Notre Dame. Elle a été baptisée en 1975. Elle se fit remarquer lors de la session de la Conférence générale de Saint-Louis en 2005. Jan Paulsen, alors président de la Conférence générale, a dit d'elle qu'elle servait l'Eglise d'une manière exceptionnelle et que sa manière de diriger et d'accomplir

---

[20] Eric E. Richter, « Women Conference Presidents : a Forgotten History », 17 décembre 2020. Texte disponible sur : https://record.adventistchurch.com/2020/12/17/women-conference-presidents-a-forgotten-history/

le ministère étaient des modèles pour beaucoup d'entre nous. En 1983 elle fut invitée à travailler à la Fédération de Central States. Elle a commencé comme cheffe comptable, puis fut nommée trésorière-adjointe, puis trésorière (1988-2008) et aussi secrétaire générale (1988-2004).

En 1984 elle reçut une lettre de créance de « missionnaire ». De 1990 à 2008 elle a reçu une lettre de créance de « pasteur autorisé » (*commissionned ministry*). Le 22 février 1994, John Paul Monk Jr, alors président de cette Fédération, est décédé. On demanda alors à Phyllis Mosley Ware d'assurer l'intérim de la présidence. Elle était à la fois trésorière, secrétaire générale et présidente de cette Fédération.

Enfin, il convient de noter l'élection de Sandra Roberts à la présidence de la Southeastern California Conference. Sandra Roberts fut élue présidente de cette Fédération le 27 octobre 2013. Après le vote des délégués, le président sortant, Gerald Penick a félicité sa successeuse en déclarant : « Nous devions briser ce plafond de verre. Nous devions remettre les choses en ordre ». Il a confirmé le choix des délégués, le qualifiant de signe qu'ils voyaient les choses comme Dieu les voyait. Elle a été réélue comme présidente de cette fédération le 10 octobre 2018. Le 26 mai 2021, Sandra Roberts a été nommée secrétaire générale de la Pacific Union Conference.

Dans les quatre situations présentées ci-dessus, les femmes qui ont assumé les fonctions de présidentes de Fédérations ne les ont pas assumées parce qu'il n'y avait pas d'autres solutions ; il y avait des hommes capables de prendre ces responsabilités. Elles ont été élues grâce à leurs compétences et à leur spiritualité.

Ellen White s'est passablement exprimée sur la condition de la femme dans l'Eglise, et cela dès la fin du XIXᵉ siècle. Elle avait déjà dit en 1895 que :

> « Les femmes qui sont prêtes à consacrer une partie de leur temps au service du Seigneur devraient être désignées pour visiter les malades, s'occuper des jeunes et répondre aux besoins des pauvres. Elles devraient être mises à part pour cette œuvre par la prière et l'imposition des mains ».[21]

---

[21] Ellen G. White, « The Duty of the Minister and the People », *The Advent Review and Sabbath Herald*, 9 juillet 1895, p. 43.

Déjà à cette époque, Ellen White reconnaît des femmes capables d'accomplir divers ministères et elle souhaite qu'elles soient mises à part par l'imposition des mains.

Une centaine d'années plus tard, Arthur Patrick, historien de l'Eglise, écrivait ce qui suit dans l'*Adventist Review* du 16 janvier 1986 :

> « Ellen White a-t-elle sous-entendu la consécration par cette déclaration ? [...] Aujourd'hui, des registres d'Eglise de la même période semblent clarifier ce qu'a dit Ellen White ont été mis au jour. Ellen White a résidé en Australie de 1891 à 1900. [...] Lors de la réunion du 10 août 1895, la commission de nomination rendit son rapport. Le procès-verbal note que : '[...] les officiants furent appelés au premier rang, où les pasteurs Corliss et McCullagh mirent à part l'ancien, les diacres et les diaconesses par la prière et l'imposition des mains'. Le sabbat 6 janvier 1900, frère W. C. White présida la réunion ordinaire du sabbat à Ashfield. Le procès-verbal du secrétaire note : 'Les officiants du sabbat précédent avaient été nommés et acceptés pour l'année en cours, et aujourd'hui frère White a consacré et imposé les mains aux anciens, aux diacres et aux diaconesses'. [...] Ainsi, les adventistes vivant près d'Ellen White dans les années 1890, pendant au moins cinq ans, ont consacré des femmes comme des hommes à des tâches dans l'Eglise locale par la prière et l'imposition des mains. Ellen White aurait sûrement donné des instructions contraires si elle n'avait pas eu l'intention de procéder à des consécrations dans sa déclaration de 1895 ».

Ellen White se considérait, et on la considérait, comme ayant été consacrée par Dieu lui-même au ministère prophétique. Elle écrivait ce qui suit en 1911 : « C'est dans la ville de Portland que le Seigneur m'a consacrée (*ordained*) comme sa messagère, et c'est là que mes premiers travaux ont été faits pour la cause de la vérité présente ».[22]

A la fin du XIXe siècle et au début du XXe, Ellen White a reçu une lettre de créance de pasteur et six lettres de créance de pasteur consacré, bien qu'il

---

[22] Ellen G. White, « An Appeal to Our Churches Throughout the United States », *The Adventist Review and Sabbath Herald*, 18 mai 1911, p. 3.

soit attesté qu'elle n'a jamais été officiellement consacrée par l'Eglise adventiste. Dans le Yearbook de 1888, le nom d'Ellen White apparaît parmi la liste des pasteurs de Californie. Au cours des années, son nom était inscrit dans la liste des pasteurs consacrés.

Les lettres de créance de pasteur consacré d'Ellen White par la Fédération du Michigan et par la Conférence générale des adventistes du septième jour

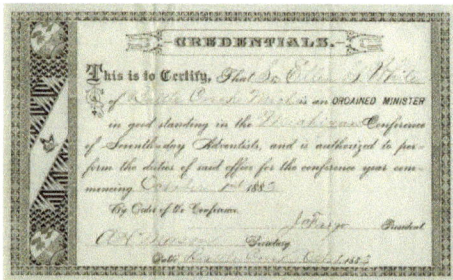

1er octobre 1883,
Michigan Conference
(Fédération du Michigan)

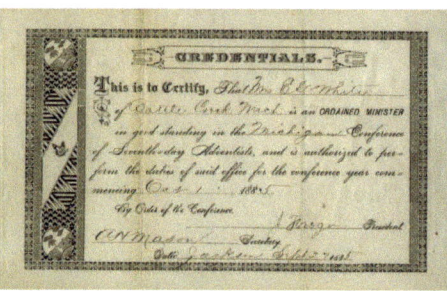

27 septembre 1885,
Michigan Conference
(Fédération du Michigan)

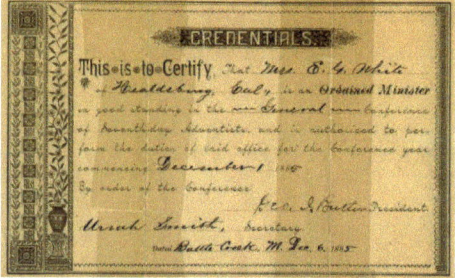

6 décembre 1885,
General Conference
(sur cette lettre de créance,
le mot *Ordained* [consacré] est barré)

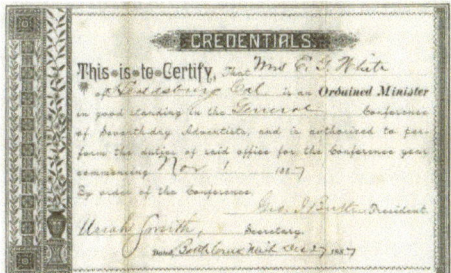

27 décembre 1887,
General Conference

Ordained Minister.

324

Name Mrs. E. G. White

Field General

Issued by order of G.C.

Date March 7 1889

Signed by L.A. Hoopes Sec. Pres.

Remarks

7 mars 1889,
General Conference

Ordained Minister.

Name Mrs. E. G. White

Field U.S.

Issued by order of

Gen. Conf.

Date June 14 1909

Signed by W.G.D. Pres.

W.A.S. Sec.

Remarks

No. 20

14 juin 1909,
General Conference

Ordained Minister.

Name Mrs. E. G. White

Field

Issued by order of

Gen. Conf.

Date June 12 1913

Signed by A.G.D. Pres.

W.A.S. Sec.

Remarks

No. 14

12 juin 1913,
General Conference

Le 17 novembre 1935, Dores E. Robinson écrivit une lettre à Le Roy Edwin Froom de la part de William Clarence White (1854-1937), le fils d'Ellen White et beau-père de Robinson, en réponse à une demande concernant les lettres de créance au ministère pastoral d'Ellen White. En voici un extrait :

Cher Frère Froom,

Frère White vient de me montrer votre lettre du 8 novembre concernant les lettres de créance de Mme White, et il me dit que Sœur White n'a jamais été consacrée, qu'elle n'a jamais baptisé, et qu'elle n'a jamais consacré personne. [...]

[Les lettres de créance au ministère pastoral] lui ont été données à cause de son appel évident du Seigneur.[23]

Il est beau de constater que l'Eglise a considéré comme une consécration au ministère pastoral l'appel de Dieu à sa servante. Mais l'administration humaine, ayant besoin de documents concrets, a considéré qu'il était nécessaire de confirmer cet appel par des lettres de créance.

En 1950 les minutes de la rencontre des administrateurs de la Conférence générale notaient que : « En Californie quelques femmes ont été consacrées (*ordained*) pour le travail de la Société Dorcas ».[24]

Les questions sur ce sujet commencent réellement à se poser dès les années 60. En 1972, Josephine Benton a été consacrée à l'anciennat à la Brotherhood Church, à Washington, DC, par les présidents de la Fédération du Potomac et de l'Union du Columbia. Josephine Benton est ainsi devenue la première femme ancien. L'année suivante, elle est devenue pasteure associée à la Sligo Church.

Par la suite, plusieurs femmes furent consacrées anciens à l'Eglise de Walla Walla College et à l'Eglise de Green Lake à Seattle, dans l'Etat de Washington. C'est à partir de ces faits que certaines études sur le sujet ont été entreprises.

La première rencontre concernant la consécration des femmes au ministère pastoral s'est tenue à Camp Mohaven à Danville dans l'Ohio du 16 au 19 septembre 1973. Ce groupe de réflexion était alors constitué de 14 femmes et de 13 hommes. Dans ce groupe de travail, le théologien Raoul Dederen était présent. Parmi les nombreux points, il est ressorti qu'il n'y a « pas d'objection théologique significative à la consécration des femmes au ministère

---

[23] Voir la lettre complète sur : https://whiteestate.org/about/issues1/ref-lib/add-docs/credentials/

[24] « Ordination of Women », [General Conference] Officers' Meeting, 3 mai, 1950, GC Archives.

pastoral ». Le rapport du Camp Mohaven a été étudié par les instances administratives. La conclusion du Conseil annuel du 17 octobre 1974 était :

> « Parce que l'Eglise adventiste du septième jour est une Eglise mondiale qui inclut en son sein des gens de toutes nations et de toutes cultures, et parce qu'une enquête auprès de ses divisions mondiales révèle que le temps n'est pas mûr ni opportun, il est donc dans l'intérêt de l'unité mondiale de l'Eglise, qu'aucune action ne soit entreprise dans la direction de la consécration des femmes au ministère pastoral ».

Il ressort donc qu'il s'agit bien ici d'un refus lié à des conceptions culturelles et non pas à une impossibilité théologique. Dès lors de nombreux articles de revues et plusieurs livres ont été publiés sur la question afin de réfléchir à une théologie de la consécration.[25]

Bien que très favorable à la consécration des femmes au ministère pastoral, Raoul Dederen s'en remet à la décision de l'Eglise mondiale. Nous sommes en 1978 :

> « Je suis arrivé à la conclusion qu'il n'y a pas d'argument théologique concluant qui s'oppose à la consécration des femmes au ministère pastoral. En même temps, pourtant, puisque la consécration n'est pas uniquement une réponse à l'appel de Dieu mais une forme reconnue d'intégration par l'Eglise à un poste désigné, je me demande s'il est sage de passer trop vite à côté de la question de savoir si le moment est venu d'agir de la sorte ».[26]

De nombreuses publications paraissent au début des années 80 et des demandes sont adressées à la Conférence générale. Le Conseil annuel de la Conférence générale de 1984 accepte, le 14 octobre, de laisser chaque Division libre de décider si elle accepte de consacrer des femmes à l'anciennat au sein de son territoire. La session de la Conférence générale de 1985 à

---

[25] Voir le *Ministry* de février 1978, particulièrement l'article de Raoul Dederen, « A Theology of Ordination », p. 24K-24P.

[26] *Ibid.*, p. 240.

New Orleans a décidé de ne pas se positionner définitivement concernant la consécration des femmes au ministère pastoral et de poursuivre la réflexion.

Dès cette période, plusieurs ministères indépendants sont apparus en faveur de la consécration des femmes au ministère pastoral, mais les ministères indépendants opposés à la consécration des femmes au ministère pastoral, comme *Adventists Affirm*, ont également émergé.

La discussion concernant la consécration des femmes au ministère pastoral a été mise à l'ordre du jour de la Conférence générale d'Indianapolis en 1990. Malgré un vote négatif, quelques élargissements ont été suggérés concernant les anciens, indépendamment du genre, et concernant les diaconesses.

Le vote effectué pour la consécration des femmes au ministère pastoral lors de la session de la Conférence générale d'Indianapolis en 1990 avait été négatif : la femme ne serait pas consacrée au pastorat mais à l'anciennat seulement.

Le débat est donc relancé le 5 juillet 1995 à Utrecht[27] à la demande de la Division Nord-américaine.

Résumé des arguments « contre » présentés par Gerard Damsteegt :

1. La proposition de la Division de l'Amérique du Nord entre en conflit avec la doctrine de l'Eglise, la doctrine des Saintes Ecritures et la doctrine de l'unité du corps du Christ.
2. Dans certains lieux, les femmes interprétaient la liberté de l'Evangile comme étant la liberté d'exercer un rôle de direction spirituelle dans l'Eglise. La réponse de Paul fut : « *Je ne permets pas à la femme […] de prendre autorité sur l'homme* ».
3. La première raison théologique de Paul s'appuie sur l'ordre de la création, « *Car Adam a été formé le premier, Eve ensuite* ». Paul en conclut que Jésus souhaite que les hommes soient les dirigeants spirituels. « *Christ est le chef de tout homme, l'homme est le chef de la femme, et Dieu est le chef de Christ* ».
4. Peut-on réellement faire confiance aux écrivains bibliques ? Oui, car Dieu est l'auteur de la Bible.

---

[27] *Revue adventiste*, septembre 1995, p. 12 et 13.

5. Consacrer les femmes reviendrait à rejeter la méthode de compréhension de la Bible prônée par la Réforme, par nos pionniers et par Ellen White. En déclarant que les passages bibliques en faveur d'une direction masculine sont culturellement conditionnés, on repousse le sens premier du texte.

Résumé des arguments « pour » présentés par Raoul Dederen :

1. Il n'y a aucune déclaration des Ecritures qui concernent ce sujet. Voilà d'où vient la confusion.
2. Le raisonnement par déductions consiste à utiliser certains textes pour les appliquer à des situations auxquelles ils n'étaient pas destinés. On ne peut se fixer sur un passage en oubliant le contexte et le reste des Ecritures.
3. Il n'est pas sage d'utiliser le modèle des relations mari/épouse pour une application plus générale homme/femme.
4. La croix a abattu les murs de séparation nationaux, sociaux ou de genre.
5. Il est dit en 1 Timothée 2.12 « que la femme se tienne donc en silence ». Avons-nous tenu compte de cette instruction ? Ne disposons-nous pas de femmes qui enseignent ? Nous ne demandons pas non plus aux femmes de porter le voile comme le requiert 1 Corinthiens 11.
6. Mon collègue affirme qu'il faut disposer d'un texte de l'Ecriture pour étayer toute chose, mais sur quelle base avons-nous décidé de nous positionner contre l'esclavage ? Jésus l'a accepté, les apôtres l'ont accepté. Ils ne se sont jamais élevés contre l'esclavage, pas une fois. Nous avons pourtant décidé qu'il ne devrait plus y avoir d'esclavage. Où est la déclaration biblique ? Nous sommes allés au principe et nous avons eu raison. Il n'y a plus ni juif ni grec, ni esclave ni homme libre. Je pense que nous pouvons aussi comprendre : ni homme ni femme non plus.
7. La Bible ne s'occupe pas expressément du sujet de la consécration des femmes au ministère, j'attends de voir un texte sur cette question.

Résultat du vote (2 154 votants) :   NON : 69 % (1 481)
                                        OUI :   31 % (673)

Après la session de la Conférence générale d'Utrecht, plusieurs Eglises adventistes d'Amérique du Nord ont malgré tout consacré des femmes au ministère pastoral. Le 23 septembre 1995 à 15 h 30, l'Eglise de Sligo a organisé un grand rassemblement pour la consécration de trois femmes au pastorat avec une lettre de créance officielle.

Le 2 décembre 1995, l'Eglise de l'Université de La Sierra a organisé deux consécrations de femmes. La petite Eglise Loma Linda Victoria emboîta le pas en consacrant une femme au pastorat. Le 6 juillet 1996 l'Eglise du Garden Grove en Californie fit de même.

Dans le but de recentrer le débat autour de la théologie biblique, le bureau décanal du Séminaire adventiste de l'Université Andrews a constitué un comité *ad hoc* de 15 personnes. Il s'ensuivit la publication du livre *Women in Ministry. Biblical & Historical Perspectives*. Ouvrage de 439 pages divisé en 20 chapitres écrits par les meilleurs théologiens et historiens de l'époque, dont voici quelques noms : Raoul Dederen (théologie systématique), Jacques Doukhan (exégèse et théologie de l'Ancien Testament), Robert Johnston (exégèse et théologie du Nouveau Testament), Keith Mattingly (religion), Daniel Augsburger (histoire de la théologie), Georges Knight (histoire de l'Eglise), Denis Fortin (histoire de la théologie), Russel Staples (missiologie), Jo Ann Davidson (théologie systématique), Jerry Moon (histoire de l'Eglise), Michael Bernoi (pasteur), Randal Wisbey (ministère de la jeunesse), Richard Davidson (exégèse et théologie de l'Ancien Testament), Peter van Bemmelen (théologie systématique), Larry Richards (exégèse du Nouveau Testament, critique textuelle), Nancy Vyhmeister (missiologie), Alicia Worley (anthropologie), Walter Douglas (histoire de l'Eglise), Roger Dudley (ecclésiologie), Jon Dybdahl (missiologie).

Le paragraphe conclusif de ce travail est formulé de la manière suivante :

« Le comité *ad hoc* du Séminaire de théologie sur l'herméneutique et la consécration a été attentif à être fidèle à l'Ecriture, permettant à l'Esprit de nous guider et de travailler en nous. Notre conclusion est que consécration et femmes peuvent aller ensemble, que 'les femmes dans la direction pastorale' (*pastoral leadership*) n'est pas un oxy-more, mais une manifestation de la grâce de Dieu dans l'Eglise. Nous considérons notre travail comme une contribution à un dialogue permanent. Nous croyons qu'il sera accepté comme tel ».[28]

Peu de temps après, en 2000, le ministère indépendant Adventist Affirm a publié un travail de 423 pages contredisant les études de *Women in Ministry. Biblical & Historical Perspectives.* Il s'agit du livre *Prove All Things : A Response to Women in Ministry.* Parmi les auteurs il faut compter Gerard Damsteegt qui avait combattu la consécration des femmes à Utrecht et n'avait pas été invité à faire partie du comité *ad hoc* organisé par l'Université. Plusieurs auteurs connus pour leurs publications s'opposant radicalement à la consécration des femmes ont pris part à la rédaction de ce travail ; Lawrence Maxwell (éditeur retraité de *Signs of the Times*), Samuel Koranteng-Pipim (directeur du *Public Campus Ministry* de la Fédération du Michigan), Samuele Bacchiocchi (professeur à l'*Undergraduate School of Religion* de l'Université Andrews), Gerard Damsteegt (professeur associé d'histoire de l'Eglise au Séminaire adventiste de l'Université Andrews), Raymond Holmes (professeur émérite d'homilétique au Séminaire adventiste de théologie de l'Université Andrews). Le livre s'opposant à la consécration des femmes, *Prove All Things*, se termine de la manière suivante :

« Nous croyons que l'Eglise devrait prendre une position ferme et décidée d'obéir à Dieu, le suivant lui et lui seul. Nous croyons que l'Eglise devrait arrêter de consacrer des femmes localement et de manière internationale, comme anciens ou comme pasteurs, et qu'elle ne devrait pas les placer dans des fonctions de direction que l'Ecriture réserve aux hommes. Seuls des hommes consacrés qui font la volonté de Dieu et qui font preuve de leur engagement par leurs vies devraient être consacrés à la direction de l'Eglise. Il est temps de faire confiance à

---

[28] « Epilogue », dans *Women in Ministry*, p. 436.

Dieu avec foi et humilité. Que Dieu nous aide à distinguer clairement sa volonté pour ses enfants et à marcher volontairement en elle ».[29]

Dès 1996, des milliers de pages sont publiées par les opposants à la consécration des femmes. Cette question a été reprise au début de l'année 2010, à l'occasion du General Conference President's Executive Administrative Counsel.

Lors du Conseil annuel de la Conférence générale, en octobre 2010, le nouveau président de la Conférence générale, Ted Wilson, a déclaré que le BRI (Biblical Research Institute) coordonnerait une étude sur la question de la consécration des femmes en incluant les 13 Divisions. Le TOSC était lancé (Theology of Ordination Study Committee).

Le 1er septembre 2011, la Pacific Press sortait le livre de Jan Paulsen, ancien président de la Conférence générale, retraité depuis l'été 2010, favorable à accorder la liberté aux Divisions de consacrer les femmes au ministère pastoral. Le livre est intitulé *Where Are We Going* ? (Où allons-nous ?) Selon Paulsen la consécration des femmes pourrait diviser l'Eglise. Mais pour lui, ne pas consacrer les femmes pourrait tout aussi bien diviser l'Eglise.

Le 23 avril 2012 l'Union de l'Allemagne du Nord a voté de consacrer les femmes au ministère pastoral dans son territoire.

Le 17 mai 2012 le Columbia Union Conference Executive Committee a pris la décision de reconnaître « sa responsabilité d'agir moralement et éthiquement en exprimant un engagement indéfectible pour consacrer des personnes qualifiées au ministère pastoral sans tenir compte du genre ».[30]

La demande de laisser le choix aux Divisions de décider de la possibilité de consacrer les femmes au ministère pastoral est à nouveau à l'ordre du jour de la session de la Conférence générale de San Antonio, Texas, en 2015. Le résultat du vote a été : NON 58 %, OUI 42 %. Pour rappel, vingt ans plus tôt à Utrecht, le résultat du vote avait été : NON 69 %, OUI 31 %.

---

[29] Mercedes H. Dyer, « Epilogue », dans *Prove All Things*, p. 354.
[30] Document complet disponible sur : https://www.columbiaunion.org/sites/default/files/officialstatement_may172012.pdf

Arguments des opposants à la consécration des femmes

Dès les années 80, les opposants à la consécration des femmes au ministère pastoral publient de nombreux livres en répétant régulièrement les mêmes arguments. C'est en 1987 que Samuele Bacchiocchi publie son livre *Women in the Church. A Biblical Study on the Role of Women in the Church*[31] (Les femmes dans l'Eglise. Une étude biblique sur le rôle des femmes dans l'Eglise). Pour Bacchiocchi, « Le fait que Dieu créa Eve à partir du corps d'Adam ('côte') suggère à la fois l'égalité et la subordination ».[32] « La femme [dit-il] est subordonnée à l'homme parce qu'elle est créée en deuxième, de l'homme et pour l'homme ».[33]

Pour Samuele Bacchiocchi, le fait que la femme soit créée en tant qu'aide (Gn 2.18) « implique une dépendance fonctionnelle et une subordination ».[34] Pour lui, la subordination de la femme à l'homme est clairement indiquée en Genèse 2

> « Par le fait que l'homme porte le nom 'Homme' ou 'Humain' qui désigne la race humaine dans son ensemble. [...] Le nom pour la race humaine dans la Genèse est le nom de l'homme lui-même, car il est considéré comme l'incarnation de la race. Eve est considérée comme la mère de tous les humains, mais pas comme l'incarnation de la race. Elle est la femme de l'homme qui est l'incarnation de la race ».[35]

---

[31] Samuele Bacchiocchi, *Women in the Church. A Biblical Study on the Role of Women in the Church*, Berrien Springs, MI, Biblical Perspectives, 1987.

[32] *Ibid.*, p. 31.

[33] *Ibid.*

[34] *Ibid.*, p. 72.

[35] *Ibid.*, p. 73

Dans le livre collectif *Prove all things: A Response to Women in Ministry*[36], Samuele Bacchiocchi publie un chapitre intitulé « *Headship, Submission, and Equality in Scripture* » (Direction, soumission et égalité dans l'Ecriture). Il écrit ceci à propos de Genèse 2 :

> « Bien que la narration se focalise sur la nature identique et la collaboration entre l'homme et la femme, à l'intérieur de cette égalité et de cette collaboration, il existe un sens précis de la soumission de la femme à l'homme ».

Dans ce même chapitre, il insiste sur le fait que

> « Genèse 2 suggère le principe de la domination et de la soumission non seulement par l'ordre de création d'Adam et Eve, mais aussi par la manière dont ils ont été créés. [...] Dieu aurait tout aussi bien pu créer la femme d'abord et créer l'homme à partir de la côte d'Ève, mais il ne l'a pas fait. Pourquoi ? Très probablement parce que cela aurait obscurci la distinction entre les rôles de domination masculine et de soumission féminine que Dieu voulait clarifier ».[37]

Après avoir étudié le texte de 1 Corinthiens 11.2-16 dans lequel Paul autorise les femmes et les hommes à prier et à prophétiser lors de rencontres spirituelles à condition de prêter attention aux convenances sociales du lieu et de l'époque, Bacchiocchi conclut que « Pour Paul, ces distinctions ne sont pas fondées sur des conventions culturelles mais sur le principe de la domination masculine et de la soumission féminine établie par Dieu à la création ».[38]

Concernant la place de la femme comme ancien d'Eglise ou comme pasteur, Bacchiocchi écrit que

---

[36] Samuele Bacchiocchi, « Headship, Submission, and Equality in Scripture », dans *Prove All Things*, p. 72.

[37] *Ibid.*, p. 74-75.

[38] *Ibid.*, p. 97.

« Un autre aspect important à prendre en compte est l'impact négatif du renversement des rôles lorsqu'une femme occupe le poste d'ancien ou de pasteur dans l'Eglise. Si la fonction de chef de l'homme
dans l'Eglise est remplacée par celle d'une femme, la fonction de chef
de l'homme dans la famille sera mise en péril. La fonction de chef de
famille d'un mari peut difficilement rester intacte si une femme ou
sa propre épouse occupe la fonction de chef de la congrégation à laquelle il appartient ».[39]

Quelques paragraphes plus loin Bacchiocchi écrit ceci :

« Il n'est en aucun cas désobligeant envers le sexe féminin d'affirmer
qu'un ancien ou un pasteur exerce la paternité et non la maternité
pour la famille de Dieu, car [...] « 'Dieu est notre Père dans les cieux
et non notre Mère' ».[40]

D'autres théologiens adventistes suivent le même raisonnement, comme
Raymond Holmes[41] qui, commentant 1 Timothée 2.11-15, considère que tout
ce qui est dit par Paul est applicable en tout temps et en toute occasion.
Holmes affirme que

« Nous devons nous souvenir qu'en ce qui concerne la Bible, le principe transcende toujours l'occasion. Bien que chacune des lettres de
Paul aborde des situations spécifiques, toutes font appel à des principes transcendants ».

Autrement dit Holmes ne considère pas qu'en certaines circonstances pré-
cises, les auteurs bibliques peuvent donner des conseils bien spécifiques
qui ne s'appliquent pas obligatoirement dans tous les détails à toutes les

---

[39] Samuele Bacchiocchi, « Headship, Submission, and Equality in Scripture », dans *Prove All Things*, p. 106.

[40] *Ibid.*, p. 107.

[41] Raymond Holmes, « Does Paul Really Forbid Women to Speak in Church ? A Closer Look at 1 Timothy 2.11-15 », dans *Prove All Things*, p. 168.

situations données et surtout à tous les siècles qui suivront et à toutes les civilisations. Holmes, comme tous les théologiens qui luttent contre la consécration des femmes, revient lui aussi sur le texte de Genèse 2 et dit que « Le fait qu'Adam a été créé le premier dans l'ordre de la création est la raison pour laquelle il a été donné aux hommes le rôle principal de l'enseignement faisant autorité dans l'Eglise ».[42]

Durant toute sa vie dans l'Eglise, Samuel Koranteng-Pipim a été un farouche opposant à une quelconque consécration de la femme dans l'Eglise. Sa déclaration, ci-dessous, résume bien la position ambigüe des opposants à la consécration des femmes à l'anciennat et au pastorat[43] :

> « Je crois toujours qu'au sein de différents ministères, les femmes pourraient être encouragées à participer à l'étude, à l'enseignement et à la prédication de l'évangile dans l'évangélisation personnelle et publique ; à être impliquées dans les ministères de prière, de visites, de relation d'aide, de l'écriture et du chant ; à travailler comme représentantes évangélistes, ou comme évangélistes de santé, à fonder de nouvelles Eglises, et à accomplir un ministère auprès des personnes défavorisées ; à servir dans des postes de responsabilité qui n'exigent pas la consécration à l'anciennat ou au pastorat, à servir en tant que collègues en partenariat avec des hommes consacrés à des niveaux différents de l'organisation de l'Eglise ; à enseigner dans nos institutions et facultés de théologie ; et par-dessus tout, à s'occuper de leurs enfants à la maison ».

Dans son texte présenté au Comité d'étude de la théologie de la consécration en juillet 2013, le théologien adventiste Edwin Reynolds, lui aussi opposé à la consécration des femmes, résume la valeur de la notion de direction (*headship*) en disant que la direction est « liée à une relation non réciproque dans laquelle une partie se soumet à une autre dans une relation de

---

[42] Raymond Holmes, « Does Paul Really Forbid Women to Speak in Church ? », p. 169.

[43] Samuel Koranteng-Pipim, « Theology or Ideology ? Background, Methodology, and Content of *Women in Ministry* », dans *Prove All Things*, p. 18.

confiance, de soumission à l'autorité de la direction de l'autre ».[44] Après avoir présenté son analyse des différents textes de l'apôtre Paul concernant les relations hommes-femmes dans lesquels Reynolds considère que l'apôtre établit l'autorité de l'homme sur la femme et donc la soumission de la femme à l'homme, il écrit que

> « La direction (*headship*) est une métaphore de l'autorité désignée. La réponse appropriée à l'autorité désignée est la soumission, l'honneur et le respect de cette autorité. Toute autorité qui vient de Dieu doit être respectée. Ceux qui n'honorent pas l'autorité que Dieu a établie n'honorent pas Dieu ».[45]

Reynolds poursuit en disant que

> « Les femmes peuvent être engagées dans la prière, la prophétie, l'étude, le témoignage, le ministère et les activités normales de l'Eglise, comme le montrent de nombreux exemples dans le Nouveau Testament, mais elles ne devraient pas tenter d'usurper l'autorité de direction déléguée par Dieu aux hommes, comme enseigné dans 1 Timothée 2.12, mais devraient être disposées à apprendre avec un esprit de soumission ».

Dans la conclusion de sa présentation, Edwin Reynolds confirme sa pensée en déclarant que « L'homme a une autorité par rapport à la femme, pas seulement une autorité par rapport à sa propre femme, mais une autorité spirituelle dans l'Eglise que les femmes ne partagent pas ».[46]

Le dernier livre concernant l'opposition à la consécration des femmes au ministère pastoral paru avant la session de la Conférence générale de 2015 est celui de Clinton et Gina Wahlen. Clinton Wahlen est directeur associé

---

[44] Edwin Reynolds, « Biblical Hermeneutics and Headship in First Corinthians », p. 20. Texte disponible sur : https://www.adventistarchives.org/biblical-hermeneutics-and-headship-in-first-corinthians.pdf

[45] *Ibid.*, p. 41.

[46] *Ibid.*, p. 44.

au BRI. Il a publié son livre quelques semaines avant la session de la Conférence générale de juin 2015 et l'a fait envoyer à tous les cadres de l'Eglise mondiale. Je l'ai reçu lorsque j'étais doyen de la Faculté de théologie à Collonges. Ce livre était accompagné d'une lettre cosignée par un ancien directeur du BRI, George Reid, et un directeur associé au Ellen G. White Estate, William Fagal, lui aussi opposé à la consécration des femmes. Ce livre n'était pas issu des travaux des membres du BRI, mais c'était l'initiative isolée de l'un des directeurs associés, Cliton Wahlen.

Il faut avouer que la démarche m'a laissé dans le questionnement le plus total. Distribuer un livre contre la consécration des femmes aux cadres de l'Eglise adventiste mondiale quelques semaines avant le vote, livre écrit par un membre du BRI mais dont la démarche n'était pas officiellement celle du BRI et dont la lettre d'accompagnement était cosignée par un ancien directeur du BRI, était pour le moins surprenant.

Dans ce livre intitulé *Women's Ordination. Does It Matter ?*[47] (La consécration des femmes. Est-ce important ?), Clinton Wahlen et son épouse Gina ne font que reprendre les arguments bien connus de leurs prédécesseurs et en font une synthèse. Wahlen commentant Genèse 2 écrit[48] :

> « Selon Genèse 2, Dieu a forma l'homme (*ha 'adam*) en premier et le plaça dans le jardin d'Eden pour en prendre soin. Avant de créer Eve, Dieu donna des instructions à l'homme concernant l'arbre de la connaissance du bien et du mal. Dieu amena les animaux devant lui et lui confia la responsabilité de les nommer. Lorsque Dieu amena la première femelle humaine près de l'homme, il lui confia aussi la responsabilité de la nommer ».

Mais attention, le texte commenté par Wahlen n'est pas aussi simple qu'il en a l'air. Genèse 2.15 dit que l'être humain a pour responsabilité de cultiver et de garder le jardin. Au verset 16 Dieu s'adresse aussi à l'être humain. Les humains, mâle et femelle décrits en Genèse 1.27-28, ont pour mission

---

[47] Clinton and Gina Wahlen, *Women's Ordination. Does it Matter ?*, Silver Spring, MD, Bright Shores, 2015.
[48] *Ibid.*, p. 61.

de cultiver le jardin et de le garder. C'est sans doute à eux deux que Dieu s'adresse lorsqu'il les met en garde contre le mal. Le texte ne semble pas dire que seul le mâle était présent.

Pour Wahlen, une autre raison qui l'autorise à considérer la prédominance d'Adam se trouve en Genèse 2.24. Le texte dit : « l'homme quittera son père et sa mère et s'attachera à sa femme, et ils deviendront une seule chair ». Whalen commente en disant que

> « Ce n'est pas une coïncidence qu'il soit dit à l'homme de prendre l'initiative de quitter son père et sa mère (notez à nouveau l'ordre : le mâle et ensuite la femelle). La raison invoquée pour que l'homme quitte ses parents est qu'il pourrait 's'accrocher à' ou 'garder' sa femme. Cela suggère qu'il doit assumer sa responsabilité pour qu'ils restent ensemble et pour la protection de sa femme ».[49]

Le fait que la femme a été faite à partir d'une côte de l'homme est important pour Wahlen car, dit-il,

> « Dieu aurait pu tirer la femme de la poussière de la terre (comme il le fit pour l'homme), afin de montrer qu'ils étaient exactement pareils, mais les interactions du Créateur avec l'homme avant la création de la femme et la manière dont elle a été créée indiquent une différence de fonction ».

La poursuite de l'analyse du texte de la Genèse (2.18), fait dire à Wahlen que le fait que la femme soit appelée l'aide (*'ezer*) de l'homme est la preuve que « le statut de celui qui est aidé est plus élevé. [...] L'homme a le rôle principal puisque la femme est créée 'pour lui' comme une assistante solidaire ».[50]

Avant de poursuivre son commentaire, Wahlen récapitule ses idées. En voici quelques extraits :

---

[49] Clinton and Gina Wahlen, *Women's Ordination. Does it Matter ?*, p. 61-62.
[50] *Ibid.*, p. 63.

« L'exigence selon laquelle le ministre de l'Evangile qui supervise l'Eglise 'doit être mari d'une seule femme' (1Tm 3.2) est aussi clair dans l'original grec que cela l'est en français (anglais). Le mot grec pour 'mari' ne signifie jamais une femme et le mot grec pour 'femme' ne signifie jamais un homme ».[51]

« A la maison les femmes doivent être soumises à leurs maris, et les maris doivent aimer leurs femmes. [...] Pour l'Eglise aussi, qui est 'la maison de Dieu', il existe des règles pour le culte et pour remplir les offices de l'Eglise ».[52]

Entre le 21 et le 24 juillet 2013, les membres du Comité sur la théologie de la consécration (TOSC) ont présenté leurs différentes positions. Certaines d'entre elles sont rapportées dans un article intitulé « Consécration des femmes comme pasteures – position des théologiens ».[53]

L'auteur de cet article cite quelques extraits de différentes présentations. J'en donnerai deux pour conclure cette partie des arguments avancés par les opposants à la consécration des femmes au ministère pastoral. Gerard Damsteegt écrit :

« Si nous prêtons attention aux pionniers adventistes quant à l'implication des femmes dans la mission de l'Eglise, nous remarquons que leur position est très similaire à celle de Wesley [xviiie siècle] et du Méthodisme. Ces pionniers encourageaient vivement la participation féminine, hormis aux postes d'anciens et de pasteurs ».

Dans ce même article résumant la position de certains théologiens, l'auteur fait état des positions de Paul Ratsava, alors président de la Division du Sud de l'Afrique et de l'Océan Indien et de Daniel Bediako de l'Université adventiste de Valley View au Ghana. Je cite : « Dieu a créé l'homme et la femme

[51] Clinton and Gina Wahlen, *Women's Ordination. Does it Matter ?*, p. 122.
[52] *Ibid.*
[53] Le texte est disponible sur : https://alelouya.org/publications/consecration-des-femmes-comme-pasteures-position-de-theologiens/

égaux, mais chacun ayant un rôle différent. Au sein de l'Eglise, les hommes doivent diriger ! » Cette dernière déclaration a le mérite d'être claire.

Mais pour mieux saisir la notion de consécration, du rôle des femmes et des hommes dans la Bible et dans l'histoire de l'Eglise adventiste du septième jour, il convient de quitter les arguments des opposants à la consécration des femmes et de laisser parler les textes bibliques, de faire un retour sur l'histoire de notre Eglise, d'interroger nos pionniers, les membres d'Eglise, les administrateurs et les théologiens qui ont marqué cette histoire et qui ont permis à notre Eglise de porter le message du salut en Jésus-Christ sur la surface de la terre.

Les ministères dans le Nouveau Testament

L'Eglise adventiste reconnaît diverses catégories de responsables consacrés selon ce que disent les textes bibliques. Le rapport du Comité d'étude sur la théologie de la consécration fait la remarque suivante :

> « L'Eglise adventiste du septième jour comprend la *consécration* (*ordination*) dans un sens biblique, comme l'action de l'Eglise de reconnaître publiquement ceux que le Seigneur a appelés et équipés pour le ministère local et mondial de l'Eglise ».[54]

Il est maintenant nécessaire de considérer certains des différents ministères qui ont été développés au cours du Ier siècle pour permettre à l'Eglise naissante de porter le message de la résurrection du Christ et donc du salut en Jésus-Christ à toutes les nations. Les pages qui suivent seront consacrées à nous remettre en mémoire les ministères tels que le diaconat, l'apostolat, le prophétisme, l'épiscopat, l'anciennat, l'enseignement et le pastorat.

Le diaconat (la diaconie)

Le Nouveau Testament renferme un grand nombre de mots liés à la notion de service (*diakonia*), tels que service, servir, serviteur, diacre, ministre.[55] L'Eglise adventiste accorde une certaine autorité aux personnes choisies pour accomplir un ministère particulier selon ce qui se faisait dans l'Eglise du Ier siècle, mais elle considère que les différents services ne s'exercent pas

---

[54] *Theology of Ordination. Study Committee Report, June 2014*, Silver Spring, MD, General Conference of Seventh-day Adventists, 2014, p. 21 (TOSC).

[55] Epîtres pauliniennes, 52 fois ; évangiles, 31 fois ; Actes, 10 fois ; Hébreux, 3 fois ; épîtres générales, 3 fois ; Apocalypse, 1 fois.

selon une hiérarchie. Le TOSC[56] précise que

> « Bien que la consécration contribue à l'ordre de l'Eglise, elle ne confère pas de qualités particulières aux personnes consacrées et n'introduit pas de hiérarchie royale au sein de la communauté religieuse. [...]
>
> Le modèle fondamental de la consécration est la nomination des douze apôtres par Jésus (Mt 10.14 ; Mc 3.13-19 ; Lc 6.12-16), et le modèle ultime du ministère chrétien est la vie et l'œuvre de notre Seigneur, qui n'est pas venu pour être servi mais pour servir (Mc 10.45 ; Lc 22.25-27 ; Jn 13.1-17 ».

Le premier texte qui donne l'idée d'une mission confiée à des hommes est celui d'Actes 6.6 lorsqu'il est question de trouver une solution pour nourrir les veuves des Hellénistes de Jérusalem. Les Douze convoquent la multitude des disciples et leur demandent de choisir sept hommes sages qui seront chargés de cette diaconie. Le choix ayant été fait, ces sept hommes sont présentés aux apôtres qui prient et qui leur imposent les mains. C'est ce que l'Eglise adventiste appelle une consécration. Ce même schéma se rencontrait déjà dans l'épisode qui relate la succession de Moïse par Josué en Nombres 27.16-18,23. En Actes 6, Luc n'emploie pas le mot *diakonos*, diacre, pour qualifier ces sept hommes. D'ailleurs ce mot n'apparaît dans aucun livre de Luc, qu'il s'agisse du livre des Actes des apôtres ou de l'évangile. Je reviendrai plus tard sur l'imposition des mains.

Il faut chercher dans d'autres textes pour rencontrer le mot *diakonos*, diacre. Timothée est qualifié de *diakonos* de Dieu et de Jésus-Christ (1Th 3.2 ; 1Tm 4.6), Tychique est appelé *diakonos* dans le Seigneur (Ep 6.21 ; Col 4.7), Epaphras est appelé fidèle *diakonos* du Christ (Col 1.7), Paul se qualifie de *diakonos* de l'Evangile et de l'Eglise (Ep 3.7 ; Col 1.23,25), il en est de même d'Apollos et Paul (1Co 3.5), mais aussi du Christ qui est *diakonos* des Juifs – [de la circoncision] (Rm 15.8) ; quant à Phœbé, elle est *diakonos* de l'Eglise de Cenchrées (Rm 16.1).

L'Eglise semble avoir calqué sa forme diaconale sur le récit d'Actes 6 bien que la diaconie s'exerçait dans des domaines variés tels que c'était le cas pour

---

[56] TOSC 21-22.

Timothée, Tychique, Epaphras, Apollos, Paul, le Christ et Phœbé. Il faut aussi noter que la diaconie néotestamentaire est indépendante des genres. Il est aussi important de souligner que deux des sept hommes d'Actes 6 se distinguent dans d'autres diaconies que celle des tables ; il s'agit d'Etienne qui fait des prodiges et de grands miracles, ce qui va lui coûter la vie (Ac 6.8 ; 7.59), et de Philippe, prédicateur (Ac 8.35), baptiseur (Ac 8.38) et évangéliste de toutes les villes par lesquelles il passait (Ac 8.40 ; 21.8). Nous constatons alors que le travail des diacres/diaconesses ne se limitait pas au service des tables, mais s'étendait à des responsabilités beaucoup plus vastes, telles que l'évangélisation, la prédication, l'enseignement, l'administration d'Eglise. Cela donne à réfléchir quant aux limites d'activités qui sont signifiées aux diacres/diaconesses de l'Eglise adventiste.

Le contexte aidant, il a bien fallu s'adapter aux exigences académiques, politiques et culturelles et créer des formations diplômantes qui devraient être inclusives et non exclusives, car la diaconie du Ier siècle n'était pas réservée aux seuls hommes. A l'époque du Christ, toutes celles et tous ceux qui voulaient le suivre étaient appelés à être ses témoins, à être *diakonos*, serviteur ou *doulos*, esclave. Le Nouveau Testament ne fait pas état d'un clergé dominant un monde laïc. Il n'établit pas non plus de barrière entre les genres. Chacune, chacun peut exercer le ministère (*diakonia*), qu'il s'agisse d'un ministère social (Ac 6.1-6), ou d'un ministère de la parole (prophétie, prédication – 1Co 11.5).

Ecrivant aux Romains, Paul exhorte les membres de la communauté romaine à exercer ses dons (Rm 12.6-9). Il ne fait ici aucune exclusion. Tous sont appelés à exercer leurs dons. Il dit de même aux Corinthiens (1Co 12.6-11). Dieu est l'initiateur de ces dons et il agit par qui il veut, hommes, femmes, enfants, personnes âgées, mariés, célibataires. Tous ont reçu et tous doivent partager en fonction de ce qu'ils ont reçu.

L'Eglise distingue donc la diaconie du diacre de la diaconie de l'ancien et de la diaconie du pasteur. Le diacre est un ministre (autre traduction possible de *diakonos*) et le pasteur aussi, lequel est un ministre du culte, c'est-à-dire une personne qui préside aux cérémonies religieuses et qui exerce une fonction sacrée au sein d'une religion. « Chez l'apôtre Paul, la diaconie englobe le ministère comme structure ainsi qu'une manière de vivre spécifique, une disposition, une attitude de service ».[57]

---

[57] Julienne Côté, *Cent mots-clés de la théologie de Paul*, Ottawa, Novalis/Cerf, 2000, p. 425.

En tant que « serveur », diacre, ministre (*diakonos*) de l'Eglise de Cenchrées, Sœur Phœbé a certainement été confrontée aux difficultés de gestion de la communauté. Elle a sans doute dû prendre des décisions concernant son fonctionnement et sa mission. Paul dit dans la conclusion de sa lettre aux Romains : « Mettez-vous à sa disposition pour toute affaire où elle pourrait avoir besoin de vous, car elle a été une protectrice (*prostatis*) pour beaucoup, y compris pour moi-même » (Rm 16.2).

Le mot *prostatis* qualifie Phœbé : « une femme placée au-dessus des autres, une femme gardienne, protectrice, patronne, ayant soin des affaires des autres et les aidant par ses ressources ».[58] En tant que *prostatis*, Phœbé a sans doute eu un rôle particulier. On rencontre le mot *prostatis* dans les écrits de Lucien (philosophe grec du IIe s.) à propos de la déesse protectrice (*thea prostatis*).

En latin ce terme est rendu par *patronus*, patron en français. Le mot *prostatis* pourrait se rapprocher du verbe *proistēmi* qui signifie « diriger, surveiller, présider »[59], « mettre avant »[60] et que Paul utilise en s'adressant aux Thessaloniciens (5.12) : « Nous vous demandons, frères, d'avoir de la considération pour ceux qui se donnent de la peine parmi vous, qui vous dirigent (*proistēmi*) dans le Seigneur et qui vous avertissent » (voir aussi Rm 12.8).

Phœbé est peut-être une femme païenne convertie au christianisme. Son nom semble être emprunté à la mythologie grecque. Elle vit à Cenchrées.[61] Ce village situé à l'Est de Corinthe était le port oriental de la grande cité de l'époque. Situé sur le golfe Saronique, le port de Cenchrées était un lieu

---

[58] *Concordance Strong française – Lexiques Hébreu/Araméen et Grec*, 4368. Disponible sur : https://www.lueur.org/bible/hebreu-grec/grec/p
Voir aussi Frederick W. Danker, Walter Bauer, William F. Arndt and F. Wilburg Gingrich, *Greek-English Lexicon of the New Testament and Other Early Christian Literature*, 3rd ed., Chicago, University of Chicago Press, 2000, p. 885 (BDAG).

[59] Strong 4291.

[60] Bo Reike, « προΐστημι », *Theological Dictionary of the New Testament*, Grand Rapids, MI, Eerdmans, Vol. 6, p. 700 (*TDNT*).

[61] Voir l'étude de Robert M. Johnston, « Shapes of Ministry in the New Testament and Early Church », dans *Women in Ministry*, p. 50-51. « Romains 16.1 prouve incontestablement que l'Eglise primitive avait des femmes *diakonoi* », p. 50.

d'échanges entre l'Occident et l'Orient. Il ne reste, mis à part les maisons du village actuel, que les ruines d'une partie du port visibles sous l'eau et les soubassements d'une basilique paléochrétienne. Le Nouveau Testament ne mentionne pas la fondation de l'Eglise de Cenchrées. Paul a peut-être posé les fondements de cette communauté à l'occasion d'un passage dans la région (Ac 18.18).

On ne sait pas grand-chose sur Phœbé. Quel a été son rôle précis au sein de cette communauté ? A-t-elle assisté de manière particulière les missionnaires de passage, tel que Paul ? A-t-elle présidé l'Eglise de sa ville ? Pour être mentionnée avec tant d'insistance, elle a dû jouer un rôle important dans la région de Corinthe.

> « L'éloge que Paul fait d'elle comme *prostatis*, à la protection matérielle et spirituelle, comme son rang dans l'énumération, avant la salutation à Prisca et Aquila, montre son importance ».[62]

Phœbé est bien ministre (autre traduction du mot *diakonos*) de l'Eglise de Cenchrées avec tout ce que cela implique.

> « Sa désignation comme 'diacre' [...] n'est pas équivalent à la notion moderne de 'diaconesse' mais plutôt à celle des responsables d'Eglises désignés dans 1Tm 3.8-10 ».[63]

On a donné au mot *diakonos* le sens de diacre, serveur, serviteur, mais si nous passons par sa traduction latine, celle de la Vulgate, *minister*, la résonance du mot change ; de diacre, serviteur, nous passons à ministre.

---

[62] Monique Alexandre, « De l'annonce du Royaume à l'Eglise », dans Pauline Schmitt Pantel (éd.), *Histoire des femmes en Occident. I. L'Antiquité*, Paris, Perrin, 2002, p. 554.

[63] Jo Ann Davidson, « Women in Scripture: A Survey And Evaluation », dans *Women in Ministry*, p. 177.

L'apostolat

Le mot *apostolos* se rencontre 80 fois dans le Nouveau Testament.[64] Un apôtre est un envoyé, un délégué, un chargé de mission.[65] Le mot apôtre n'est pas réservé aux seuls disciples du Christ. La première fois que l'expression *apostolos* est utilisée, c'est en 1Th 2.6-7 : « Nous n'avons pas cherché la gloire qui vient des humains, ni auprès de vous ni auprès des autres ; et pourtant, comme apôtres (*apostolos*) du Christ, nous aurions pu nous imposer ».

Paul situe les apôtres avec les prophètes et les enseignants parmi les trois ministères institués par Dieu :

> « Dieu a placé dans l'Eglise premièrement des *apôtres* (*apostolos*), deuxièmement des *prophètes* (*prophētēs*), troisièmement des *maîtres* (*didaskalos*) ; ensuite il y a des miracles, ensuite des dons de guérison, des aptitudes à secourir, à gouverner, diverses langues » (1Co 12.28).

Cette liste de dons n'est pas exhaustive. Paul mentionne ici les éléments basiques pour qu'une Eglise puisse fonctionner. Les mentions « premièrement, deuxièmement et troisièmement » n'ont pas de valeur hiérarchique. Le classement est d'ordre matériel.[66] Paul met l'accent sur le fait que sans les apôtres, sans les prédicateurs et les enseignants, l'unité du corps ne peut pas devenir réalité. Le mot apôtre n'inclut pas seulement Paul et les Douze, mais toutes celles et tous ceux envoyés en mission pour prêcher la Parole.

En tant que délégué de la communauté de Philippes auprès de Paul, Epaphrodite est appelé apôtre (Ph 2.25). Ceux qui portent secours aux Eglises de Judée sont eux aussi appelés apôtres (2Co 8.23). Jésus lui-même est désigné comme apôtre par l'auteur de l'épître aux Hébreux (Hé 3.1), « pour signifier le lien indicible avec le Père »[67] : « Aussi, frères saints qui

---

[64] Epîtres pauliniennes, 34 fois ; évangiles, 10 fois ; Actes, 28 fois ; Hébreux, 1 fois ; épîtres générales, 4 fois ; Apocalypse, 3 fois.

[65] BDAG 122.

[66] Karl Heinrich Rengstorf, « διδάσκαλος », *TDNT* 2.158.

[67] Charles Perrot, *Après Jésus. Le ministère chez les premiers chrétiens*, Paris, Atelier/Ouvrières, 2000, p. 62.

avez part à un appel céleste, considérez Jésus, celui que nous reconnaissons publiquement comme *apôtre* et grand prêtre ».

Paul et Barnabas sont aussi appelés apôtres (Ac 14.14). Le mot apôtre est employé par Paul pour définir la mission qui lui a été confiée, puis pour qualifier certains autres envoyés : « Paul, *apôtre*, – envoyé, non par des humains, ni par l'entremise d'un être humain, mais par Jésus-Christ et Dieu, le Père, qui l'a réveillé d'entre les morts – » (Ga 1.1).

Un certain nombre de ceux qualifiés d'apôtres « ne portent le nom d'apôtre qu'en un sens large, puisqu'ils ne peuvent revendiquer un 'envoi' reçu directement du Christ ressuscité ».[68]

Les apôtres exercent diverses fonctions. Ils sont notamment témoins de la résurrection de Jésus.[69]

> « Ils portent leur témoignage par le 'ministère de la parole' en quoi ils voient leur tâche essentielle avec la prière (Ac 6.2,4). Luc en montre les diverses formes : la prédication au peuple (2.14-40 ; 3.12-26 ; 4.2,33 ; 5.20-21), l'enseignement dans la communauté (2.42), les déclarations devant le sanhédrin (4.5-31 ; 5.27-41) ».[70]

Les apôtres sont bien présents dans l'organisation de l'Eglise de Jérusalem. Ils apaisent par exemple les tensions entre les Hellénistes et les Hébreux en organisant une nouvelle diaconie (Ac 6.2). Ils sont présents également hors de Jérusalem : par exemple lorsque le diacre Philippe a baptisé des hommes et des femmes de Samarie (Ac 8.12), les apôtres envoient Pierre et Jean pour leur imposer les mains (Ac 8.14-17).

Dans les salutations qui se trouvent à la fin de la lettre aux Romains (ch. 16), Paul mentionne un certain nombre de personnes, femmes et hommes, qui sont ses collaborateurs et des apôtres. Il écrit : « Saluez Prisca (femme) et Aquilas, mes *collaborateurs (synergos)* en Jésus-Christ » (Rm 16.3). Il s'agit

---

[68] Pierre Grelot, « Les épîtres de Paul : la mission apostolique », dans Jean Delorme (éd.), *Le ministère et les ministères selon le Nouveau Testament*, Paris, Seuil, 1974, p. 49.

[69] Ac 1.8 ; 2.32 ; 3.15 ; 5.32 ; 10.39-42 ; 13.31.

[70] Augustin George, « L'œuvre de Luc : Actes et évangile », dans *Le ministère et les ministères selon le Nouveau Testament*, p. 211.

d'un couple judéo-chrétien venu à Corinthe suite à l'édit de Claude (Ac 18.2). Le terme de *collaborateur* employé par Paul est celui qu'il s'attribue et qu'il attribue à Apollos et à Timothée :

> « Nous sommes (Apollos et moi) des *collaborateurs* de Dieu » (1Co 3.9).

> « Nous avons envoyé Timothée, notre frère, *collaborateur* de Dieu pour la bonne nouvelle du Christ » (1Th 3.2). En fonction des manuscrits, les variantes sont les suivantes : « notre frère et collaborateur », « notre frère et ministre de Dieu », « notre frère et ministre de Dieu et notre collaborateur », « ministre et collaborateur de Dieu ».[71]

> « Saluez Urbain, notre *collaborateur* dans le Christ, et Stachys, mon bien-aimé » (Rm 16.9).

> « Timothée, mon *collaborateur*, vous salue, ainsi que Lucius, Jason et Sosipater » (Rm 16.21).

> « J'ai estimé nécessaire de vous renvoyer Epaphrodite, mon frère, mon *collaborateur* et mon compagnon d'armes, *l'apôtre* que vous m'aviez envoyé en le chargeant de pourvoir à mes besoins » (Ph 2.25).

Paul poursuit en disant que Marie s'est aussi beaucoup investie dans le travail (*kopiaō*) en faveur de l'Eglise de Rome (Rm 16.6). Paul utilise souvent ce verbe pour décrire la peine qu'une personne s'est donnée pour accomplir une œuvre missionnaire épuisante.

---

[71] Voir les variantes dans le *Novum Testamentum Graece*, 28. revidierte Auflage, Deutsche Bibelgesellschaft, 2012 (NA28), ainsi que l'analyse de Bruce Metzger, *A Textual Commentary on the Greek New Testament*, 3rd edition, London/New York, United Bible Societies, 1975.

Il dit aussi qu'Andronicus et Junia[72] sont éminents parmi (*en*) les *apôtres* (Rm 16.7). Les Pères de l'Eglise et la majorité des exégètes considèrent que ce couple a été apôtre. Le Professeur Robert Johnston du Séminaire adventiste de l'Université Andrews écrit à propos du chapitre 16 de l'épître aux Romains, et particulièrement à propos de Junia, parfois orthographié Junias (masculin) dans certains manuscrits tardifs :

> « Le nom masculin Junias n'apparaît pas avant certaines déclarations douteuses du Moyen Age, mais le nom féminin Junia était bien connu à la période néotestamentaire. Il est donc des plus raisonnables de conclure que nous avons affaire ici à une femme apôtre nommée Junia. Nous pouvons sans doute partager l'avis d'anciens commentateurs qu'Andronicus et Junia étaient mari et femme, formant une équipe apostolique ».[73]

Johnston poursuit :

> « Deux femmes dans Romains 16, Junia – représentant le ministère charismatique de l'apostolat et Phœbé représentant le ministère nommé – se tiennent à la porte de l'histoire et tiennent aujourd'hui ouverte la porte du ministère pour les femmes. Si 'consécration (*ordination*)' signifie simplement accréditation, Junia et Phœbé l'avaient clairement, car les éloges de Paul à leur égard ne peuvent s'expliquer par aucun autre motif ».[74]

Au sujet des propos que Paul adresse à Andronicus et Junia, Jo Ann Davidson écrit que Paul mentionne quatre détails au sujet d'Andronicus et Junia [*female Junia*] : « Ce sont ses parents et en même temps

---

[72] Pour le débat sur Junia, voir l'étude complète de Elton Jay Epp, *Junia. Une femme apôtre ressuscitée par l'exégèse*, Genève, Labor et Fides, 2014 ; voir aussi le résumé précis qu'en fait Valérie Duval-Poujol, *La Bible est-elle sexiste ?*, Empreinte temps présent, 2021, p. 189-199.

[73] Robert M. Johnston, « Shapes of Ministry in the New Testament and Early Church », p. 47.

[74] *Ibid.*, p. 53.

ses codétenus. Ils se sont convertis avant lui et se distinguent parmi les apôtres ».[75]

Il y a aussi Tryphène (femme) et Tryphose (femme) qui travaillent (*kopiaō*) pour le Seigneur (Rm 16.12). Perside a elle aussi fait beaucoup (*kopiaō*) pour le Seigneur (Rm 16.12). La mère de Rufus a certainement beaucoup aidé Paul pour qu'il la considère comme sa mère (Rm 16.13). Les dernières mentions de femmes à saluer se trouvent en Rm 16.15 : Julie, femme de Philologue et la sœur de Nérée.

Suite à une lecture attentive du chapitre 16 de la lettre de Paul aux Romains, il est possible de considérer que certaines collaboratrices de Paul ont été comptées au nombre des apôtres.

Le prophétisme

Le mot *prophētēs* apparaît 145 fois dans le Nouveau Testament.[76] Le prophète est celui qui interprète, qui dit, qui réplique (*phēmi*) avant, devant (*pro*). Les prophètes, prédicateurs de la Parole et les docteurs sont parfois associés :

> « Dans l'Eglise qui était à Antioche, il y avait des prophètes (*prophētēs*) et des maîtres (*didaskalos*) : Barnabé, Syméon appelé Niger, Lucius de Cyrène, Manaën, qui avait été élevé avec Hérode le tétrarque, et Saul. Pendant qu'ils célébraient le culte du Seigneur et jeûnaient, l'Esprit saint dit : Mettez-moi à part (*aphorizō*) Barnabé et Saul pour l'œuvre à laquelle je les ai appelés. Alors, après avoir jeûné et prié, ils leur imposèrent les mains et les laissèrent partir » (Ac 13.1-3).

Le livre des Actes des apôtres fait mention une trentaine de fois de la présence de prophètes. Selon Daniel Marguerat :

---

[75] Jo Ann Davidson, « Women in Scripture : A Survey And Evaluation », p. 177.

[76] Evangiles, 87 fois ; Actes, 30 fois ; épîtres pauliniennes, 14 fois ; Hébreux, 2 fois ; épîtres générales, 4 fois ; Apocalypse, 8 fois.

« La tâche des prophètes était sous l'inspiration de l'Esprit, de confronter les croyants à la volonté du Ressuscité ; il incombait aux enseignants, également animés par l'Esprit (11.24), d'interpréter la tradition et les Ecritures ».[77]

Expliquant les tâches particulières accomplies par les prophètes, André Lemaire écrit que

« Les prophètes jouent un rôle de premier plan dans les assemblées chrétiennes : 'Celui qui prophétise édifie l'assemblée' (1Co 14.4 ; cf. aussi v. 22). 'Celui qui prophétise aux hommes proclame l'édification, l'exhortation et l'encouragement' (1Co 14.3). Entre autres fonctions, les prophètes assurent donc l'homélie et la prédication lors des assemblées liturgiques. [...] D'après Actes 4.36 ; 13.1 ; 15.32, les prophètes sont les leaders d'importantes communautés locales (Antioche, Jérusalem) ».[78]

Il est probable qu'à la fin du 1er siècle les évangélistes et les pasteurs avaient remplacé les apôtres et les prophètes d'autrefois. Jusqu'à maintenant l'Eglise adventiste a officiellement reconnu une fois le prophétisme au sein de sa communauté en la personne d'Ellen White.

L'épiscopat

Le mot *episkopos* est employé 5 fois dans le Nouveau Testament.[79] Un épiscope est un inspecteur, un surveillant, celui qui fait respecter le droit. Dans l'Eglise du 1er siècle, les épiscopes/évêques sont des responsables de communautés :

[77] Daniel Marguerat, *Les Actes des apôtres (13-28)*, Genève, Labor et Fides, 2015, p. 22.

[78] André Lemaire, « Les épîtres de Paul : la diversité des ministères », dans *Le ministère et les ministères selon le Nouveau Testament*, p. 60.

[79] Ac 20.28 ; Ph 1.1 ; 1Tm 3.2 ; Tt 1.7 ; 1P 2.25.

« Cette parole est certaine. Si quelqu'un aspire à la charge d'épiscope, il désire une belle œuvre. Il faut donc que l'épiscope soit irrépréhensible, qu'il soit l'homme d'une seule femme, qu'il soit sobre, pondéré, décent, hospitalier, apte à l'enseignement » (1Tm 3.1, 2).

Daniel Marguerat écrit que « L'épiscopat est ici une fonction, une charge, définie par son sens étymologique : l'épiscope est celui qui *regarde sur* (*epi-skoptomai*), qui *observe*, qui *surveille*, qui *garde* ».[80]

Cette nomenclature n'a pas été retenue par l'administration de l'Eglise adventiste, considérant que la charge d'épiscope, de surveillant était dévolue à l'anciennat et au pastorat selon le texte de Actes 20.28 : « Prenez donc garde à vous-mêmes et à tout le troupeau parmi lequel l'Esprit saint vous a nommés épiscopes ; faites paître l'Eglise de Dieu, cette Eglise qu'il s'est acquise par son propre sang ».

En Actes 20.17,28, la charge d'épiscope est clairement dévolue aux anciens qui sont aussi des pasteurs qui ont pour mission de paître le troupeau.

« De Milet, il envoya chercher à Ephèse les anciens (*presbyteros*) de l'Eglise. [...] Prenez donc garde à vous-mêmes et à tout le troupeau (*poimnion*) parmi lequel l'Esprit saint vous a nommés épiscopes (*episkopos*) ; faites paître (*poimainō*) l'Eglise de Dieu, cette Eglise qu'il s'est acquise par son propre sang ».

L'anciennat

Le mot *presbyteros,* ancien, est employé 66 fois dans le Nouveau Testament.[81] Cette mission était confiée à quelqu'un qui avait de l'âge, qui était le plus ancien (*presbyteros* de *presbys* qui signifie vieux, âgé, ancien). L'Eglise adventiste s'est rapidement défaite de l'étymologie de ce mot pour confier cette charge à de jeunes personnes, ce qui est fort louable.

---

[80] Daniel Marguerat, *Les Actes des apôtres (13-28)*, p. 237.

[81] Epîtres pauliniennes, 5 fois ; évangiles, 25 fois ; Actes, 18 fois ; Hébreux, 1 fois ; épîtres générales, 5 fois ; Apocalypse, 12 fois.

L'Eglise a aussi décidé que le *prebyteros*, le plus ancien, devenu rapidement l'ancien, n'exercerait ses fonctions qu'au sein d'une Eglise locale alors que les apôtres qui se déplaçaient partout se sont attribués ce titre de *prebyteros* (1P 5.1 ; 2Jn.1 ; 3Jn.1). A cette époque, l'Eglise n'a pas la structure administrative que nous connaissons actuellement ; il s'agit de groupes de maison qui se développent dans différentes cités. Il n'est donc pas étonnant que certaines personnes soient chargées d'enseignement et de gardiennage du troupeau dans chaque ville (Ac 14.23 ; Tt 1.5), comme nous plaçons maintenant ce que nous appelons des « pasteurs » dans différentes villes pour paître le troupeau. Il n'y a donc pas de limite géographique clairement établie dans le « cahier des charges » de l'ancien du Ier siècle.

L'Eglise adventiste a décidé de limiter le temps fonctionnel des diacres et des anciens à une période bien définie (en fonction des nominations), mais pas celui des pasteurs. Rien n'est dit à ce sujet dans les textes canoniques. Il s'agit donc d'une interprétation purement administrative de l'Eglise, ne comprenant aucun argument théologique.

La polysémie du mot *presbyteros* est intéressante. Ce terme est employé pour désigner une personne qui est avancée en âge (1Tm 5.1), pour qualifier une catégorie de personnes membres du Sanhédrin (Mt 16.21), pour parler de personnes chargées d'une activité pastorale dans l'Eglise chrétienne naissante (Ac 14.23), également pour qualifier les vingt-quatre autour du trône de Dieu (Ap 4.4). Il n'est pas toujours facile de savoir de qui on parle lorsqu'on rencontre le mot *presbyteros* dans les écrits néotestamentaires.

Pour qu'il puisse fonctionner, l'ancien doit avoir été au bénéfice de ce que l'Eglise adventiste appelle la « consécration ». Je reviendrai plus tard sur cette notion, mais en lisant attentivement les textes qui parlent des anciens, je constate un décalage entre ce qui était fait et ce que nous faisons.

Le livre des Actes des apôtres rappelle qu'après avoir été lapidé à Lystre par des Juifs et tenu pour mort, Paul se releva et entra dans la ville (Ac 14.19-20). Arrivés à Antioche, Paul et Barnabas désignèrent de la main (*cheirotoneō*)[82] des anciens. Le verbe *cheirotoneō* n'est pas à confondre avec l'expression « imposition des mains », *epitithēmi tas cheiras*, rencontrée en Actes 6.6 ; 13.3 ; 19.6 et 28.8.

---

[82] Eduard Lohse, « χειροτονέω », *TDNT* 9.437, ce verbe peut signifier « lever la main pour exprimer un accord lors d'un vote », « nommer », « pointer du doigt ».

Avant de recommander les anciens au Seigneur, ils ont prié et jeûné. Le jeûne de l'époque n'est pas juste le fait de sauter un repas. La démarche est prise au sérieux. Vient alors la recommandation, *paratithēmi* (placer à côté, confier une charge, placer quelqu'un sous la protection de...).[83] Dans ce cas le verbe consacrer, *anathematizō* n'est pas utilisé et il n'y a pas non plus d'imposition des mains pour envoyer les anciens en mission.

Le verbe *paratithēmi* signifie « proposer, présenter, offrir, confier, remettre, recommander ».[84] Le syntagme « imposition des mains » (*epitithēmi tas cheiras*) est absent à l'endroit de la recommandation des anciens à Dieu. Les anciens sont bien des pasteurs : ils doivent paître le troupeau et par-dessus tout l'Esprit saint les a nommés évêques (Ac 20.17,28).

Ces responsables de communautés sont aussi appelés à évangéliser et à assurer pleinement leur ministère (2Tm 4.5). Les anciens qui dirigent bien doivent être « jugés dignes d'un double honneur (*diplēs timēs*) » (1Tm 5.17). Le mot *timē* signifie l'honneur, mais surtout l'honoraire, la compensation[85] et cela particulièrement dans le contexte du texte cité, et *diplous* signifie « double ».

> « Au total [dit Lemaire], l'institution traditionnelle des presbytres semble constituer l'encadrement habituel de chaque communauté chrétienne, conformément à la tradition juive. Les presbytres forment le conseil responsable de chaque communauté locale et exercent un double service pastoral et doctrinal ».[86]

Dans son exhortation aux anciens, Pierre met en évidence leur responsabilité face à la communauté (1P 5.2) :

> « Faites paître (*poimanō*) le troupeau de Dieu qui est chez vous ; veillez

---

[83] BDAG 772.
[84] Strong 3908.
[85] BDAG 1005.
[86] André Lemaire, « Les ministères dans l'Eglise », dans *Le ministère et les ministères selon le Nouveau Testament*, p. 112.

(*episkopeō*) sur lui, non pas par contrainte, mais volontairement, selon Dieu ; non pas pour des gains honteux, mais avec ardeur ».

Soulignant un problème de vocabulaire dans sa réflexion sur « Les ministères dans l'Eglise », André Lemaire se demande si les titres d'« épiscope » et de « presbytre » désignent des fonctions différentes ou s'il s'agit de deux titres plus ou moins équivalents :

> « 'Presbytre' est d'abord un titre et un titre traditionnel venant du judaïsme, celui d''Ancien', tandis que 'épiscope' désigne une fonction, celle de 'sur-veiller'. [...] Il semble qu'à l'époque de l'auteur, le vocabulaire soit en train d'évoluer : alors que le titre 'presbytre' reste le titre traditionnel, le mot 'épiscope' tend à s'imposer pour désigner le président de la communauté ».[87]

Le verbe *poimanō* signifie faire paître, nourrir, élever, soigner.[88] Le substantif est *poimēn*, le gardien du troupeau, le berger. Ce mot est traduit en latin (Vulgate) par *pastor*, celui qui fait paître des brebis, le berger, le pâtre, le pasteur.[89]

L'image du berger montre la responsabilité de celui qui a pour tâche de rassembler le troupeau. Il en a la charge, il le protège. Dans le texte de 1 Pierre 5.2, la fonction de l'ancien, qui est le pasteur du troupeau consiste à « sur-veiller » (*episkopeō*) le troupeau.

En Ephésiens 4.11, Paul donne une liste de personnes qui se distinguent par leurs dons plutôt que par une fonction « professionnelle ». Le Christ a donné à son Eglise des apôtres, des prophètes, des évangélistes, des bergers et enseignants (*poimenas kai didaskalous*). L'absence d'article devant *didaskalous* pourrait signifier que le pasteur et l'enseignant sont liés par une fonction à la fois de berger qui nourrit et de pasteur qui enseigne sa communauté. S'agirait-il de la même personne qui cumulerait ce don ? S'agit-il plutôt de deux personnes différentes, mais complémentaires ?

---

[87] André Lemaire, « Les ministères dans l'Eglise », p. 109.

[88] Anatole Bailly, *Dictionnaire grec français*, Paris, Hachette, 1950, p. 1583 (Bailly).

[89] Félix Gaffiot, *Dictionnaire illustré latin français*, Paris, Hachette, 1934, p. 1123 (Gaffiot).

La liste donnée nous fait sans doute comprendre qu'il y a des personnes douées pour se déplacer, comme les apôtres chargés de porter, d'apporter plus loin, des prophètes chargés de prêcher le message du salut, des évangélistes qui portent la bonne nouvelle de village en village et il y a aussi le berger qui reste sur place car il faut nourrir la communauté. Oui, qui reste sur place. Dans ce contexte, les pasteurs et les enseignants, ou les pasteurs-docteurs sont ceux qui restent dans la communauté car ils sont chargés de garder et d'instruire.

Il n'y a pas de mention d'une quelconque cérémonie concernant le choix de Tite par les Eglises et pourtant c'est à lui, Tite, que Paul confie la tâche (Tt 1.5) d'établir (*kathistēmi*) des anciens dans chaque ville de Crète. Le verbe *kathistēmi* signifie établir, confier, charger.[90] Le texte ne dit pas comment Tite s'y est pris pour établir les anciens dans chaque ville.

Chaque Eglise chrétienne, et l'Eglise adventiste n'y échappe pas, a gravé dans le marbre ce que le Nouveau Testament n'a pas gravé dans le marbre en ce qui concerne la nomination des responsables.

Les anciens se voient confier la responsabilité du troupeau et d'en être les gardiens. Ils en sont donc les pasteurs. Ainsi, en consacrant les femmes à l'anciennat, ce que fait l'Eglise adventiste depuis bien des années, elle les consacre du même coup au pastorat.

L'enseignement

Le mot *didaskalos* se rencontre 59 fois dans le Nouveau Testament.[91] C'est le docteur, le maître, l'enseignant. Ce mot était utilisé pour désigner les scribes dont la responsabilité était d'enseigner la Loi. On a souvent appelé Jésus de cette manière (Mc 4.38 ; 9.17 ; 10.20...). Paul place les enseignants parmi les ministères institués par Dieu avec les apôtres et les prophètes (1Co 12.28) :

---

[90] Strong 2525.

[91] Epîtres pauliniennes, 7 fois ; évangiles, 48 fois ; Actes, 1 fois ; Hébreux, 1 fois ; épîtres générales, 1 fois ; Apocalypse, 1 fois.

« Dieu a placé dans l'Eglise premièrement des apôtres, deuxièmement des prophètes, troisièmement des maîtres (*didaskalos*) ; ensuite il y a des miracles, ensuite des dons de guérison, des aptitudes à secourir, à gouverner, diverses langues ».

Cette liste de ministères est la première liste connue établie dans l'Eglise. L'ordre dans lequel ces différentes fonctions sont données n'est pas un classement par ordre d'importance. Paul souligne le fait que sans les apôtres, sans les prédicateurs et les enseignants, l'unité du corps ne peut devenir réalité. Les docteurs ont pour mission de transmettre le message des apôtres. Jean Delorme pense que

« La mention de docteurs dans plusieurs écrits du Nouveau Testament signale l'importance de l'enseignement dans les églises.

En Ephésiens, l'expression double 'les pasteurs et docteurs' souligne l'importance de l'enseignement dans la fonction pastorale. Les épîtres pastorales le confirment ».[92]

Pour Chantal Reynier, les pasteurs et les enseignants cités dans la liste d'Ephésiens 4.11 « sont deux catégories identiques à cause de l'article, ce sont des guides de la communauté ».[93] Chantal Reynier les compare aux conducteurs (*ēgeomai*) mentionnés en Hébreux 13.7,17,24.

Selon l'avis de Norbert Hugedé, « Les *pasteurs* et *enseignants* ne sont peut-être qu'une même catégorie de ministres de l'Evangile, désignés par les deux aspects complémentaires de leur activité ».[94] Hugedé justifie ce raisonnement par l'absence d'article devant le mot « enseignant ». Pour Michel Bouttier, le fait que Paul ait mis ensemble les pasteurs et enseignants montre que le pasteur est chargé d'enseignement au sein de la communauté et cela « manifeste l'accent mis sur la prédication de la parole au sein de la communauté ».[95]

---

[92] Jean Delorme, « Diversité et unité des ministères d'après le Nouveau Testament », dans *Le ministère et les ministères selon le Nouveau Testament*, p. 293-294.

[93] Chantal Reynier, *L'épître aux Ephésiens*, p. 140.

[94] Norbert Hugedé, *L'épître aux Ephésiens*, p. 160.

[95] Michel Bouttier, *L'épître de Saint Paul aux Ephésiens*, p. 186.

Alors que les apôtres étaient envoyés en mission pour fonder les Eglises, les prophètes prêchaient et encourageaient les communautés. Les enseignants expliquaient, commentaient et formaient les nouveaux convertis. Très tôt Jacques met en garde contre les enseignements multiples : « Ne soyez pas nombreux à devenir des *maîtres* (*didaskalos*), mes frères : vous le savez, nous recevrons un jugement plus sévère » (Jc 3.1).

Le pastorat

Le mot *poimēn* apparaît 18 fois dans le Nouveau Testament.[96] Ce mot est la traduction de l'hébreu *rô'èh* qui signifie le berger, le pasteur. « Abel devint *berger* de petit bétail et Caïn cultivateur » (Gn 4.2). Les chefs d'Israël étaient des bergers : « Je vous donnerai des bergers selon mon cœur ; ils vous feront paître avec intelligence et bon sens » (Jr 3.15). Cyrus, roi perse, favorisant le retour d'Israël était aussi considéré comme un berger : « Je dis de Cyrus : C'est mon berger ! » (Es 44.28).

Dans le Nouveau Testament, le mot *poimēn* est employé pour qualifier Jésus : « C'est moi qui suis le bon *berger* » (Jn 10.11). Ce mot ne s'utilise qu'une seule fois dans le Nouveau Testament pour désigner un ministre d'une communauté chrétienne :

> « C'est lui qui a donné les uns comme apôtres, d'autres comme prophètes, d'autres comme annonciateurs de la bonne nouvelle, d'autres comme pasteurs et maîtres (*poimenas kai didaskalous*) » (Ep 4.11).

Le pasteur est un protecteur et un enseignant.[97] Mais on ne connaît personne dans le Nouveau Testament qui soit appelé ainsi. Par contre les anciens sont considérés comme les protecteurs des communautés ainsi que leurs évêques/surveillants. Le *poimēn* semble cumuler les charges d'ancien et d'évêque (1P 5.1-4 ; Ac 20.17 et 28).

---

[96] Epîtres pauliniennes, 1 fois ; évangiles, 15 fois ; Hébreux, 1 fois ; épîtres générales, 1 fois.

[97] Joachim Jeremias, « ποιμήν », *TDNT* 6.497. Pour Jeremias, l'absence d'article entre « pasteurs » et « docteurs » montre que « pasteurs et docteurs forment un seul et même groupe ».

« Comme on voit, dit Charles Perrot, dans la liste reçue de Paul où se succèdent les apôtres, les prophètes et les docteurs [Ep 4.11-12], s'intercalent maintenant des *évangélistes* et des *pasteurs*, à l'œuvre dans une même construction. [...]

Le titre pastoral est inhabituel lui aussi, d'origine judéo-chrétienne surtout, et d'abord donné à Jésus, le pasteur, selon la tradition johannique (Jn 10.11), puis dans Hébreux 13.20 et 1 Pierre 2.25. Si la métaphore pastorale devait être appliquée aussi à des dirigeants chrétiens (Jn 21.16 ; etc.) le titre reçu dans Ephésiens 4.11 n'en demeure pas moins unique en son genre et d'ailleurs peu prisé dans le monde hellénistique. Sans doute vise-t-il surtout la direction d'une communauté ».[98]

Alors qu'il n'est nullement fait mention de manière précise dans le Nouveau Testament de l'étendue du ministère de l'ancien et de celui du pasteur, l'Eglise adventiste a fait le choix de limiter la fonction de l'ancien à l'Eglise locale et d'attribuer au pasteur une reconnaissance universelle. C'est sans doute de là que vient le blocage auquel nous sommes confrontés concernant la consécration des femmes au ministère pastoral.

La prédominance du pastorat sur le reste des « dons » vient sans du texte de Luc dans le livre des Actes (20.17,28,32) qui rapporte les propos de Paul à l'endroit des anciens d'Ephèse venus le rencontrer à Milet :

« [17]De Milet, Paul fit convoquer les anciens de l'Eglise d'Ephèse. [...] [28]Prenez soin de vous-mêmes et de tout le troupeau dont l'Esprit Saint vous a établis les gardiens, soyez les bergers de l'Eglise de Dieu, qu'il s'est acquise par son propre sang. [...] [32]Et maintenant, je vous remets à Dieu et à sa parole de grâce, qui a la puissance de bâtir l'édifice et d'assurer l'héritage à tous les sanctifiés ».

Le pasteur est bien celui qui reste sur place, dans sa communauté locale. Rappelons que le mot pasteur, *poimēn*, n'est utilisé qu'une seule fois dans

---

[98] Charles Perrot, *Après Jésus*, p. 146-147.

tout le Nouveau Testament (Ep 4.11) pour parler d'une personne qui fonctionne dans une communauté. Il n'est jamais fait mention d'une consécration à son égard, ni d'une prière d'envoi, ni d'une imposition des mains. C'est en reliant plusieurs textes parlant des anciens et des épiscopes qui avaient pour charge de conduire, de nourrir et de protéger le troupeau que le mot *poimēn*, pasteur, a fait son apparition dans la conduite de l'Eglise.

Les dons de l'Esprit

Le récit génésiaque de la création présente un Dieu créateur qui termine son action par la création des êtres humains auxquels il donne une responsabilité égale et ne fait aucune distinction ontologique entre le mâle et la femelle. Son plan créateur qui échappe à l'entendement des humains prévoit leur multiplication dans un respect absolu de l'un envers l'autre, sans accorder à l'un un pouvoir dominant sur l'autre. Le péché a brisé le mécanisme et la force masculine s'est imposée faisant de la femme un être inférieur, dominé, maltraité et trop souvent non respecté. Malgré cela le ciel a toujours vu en la femme cette créature à l'image de son Créateur et lui a fait confiance. Il suffit de se rappeler des dons accordés à certaines femmes choisies par Dieu dont l'Ancien Testament fait mention et l'attitude du Christ envers les femmes dans les récits néotestamentaires.

Lors de l'événement marquant de la Pentecôte l'Esprit saint n'a pas fait de distinction de genre. Le Christ n'étant plus là, ce phénomène surnaturel marque le début de la mission ecclésiale. Le ministère commencé par le Christ lui-même doit maintenant se poursuivre par les suiveurs de ce Christ appelés chrétiens. Le christianisme n'est pas la religion des hommes, mais la relation des femmes et des hommes à celui qui est venu les sauver, le Christ.

S'adressant à l'Eglise de Corinthe (1Co 12.7) Paul précise qu'« à chacun (*ekastos*) la manifestation de l'Esprit est donnée pour l'utilité commune ». Pierre faisant une relecture de la prophétie de Joël (2.28-29) dit dans son discours rapporté par Luc dans Actes 2.17-18 :

> « Dans les derniers jours, dit Dieu, je répandrai de mon Esprit sur tous ; vos fils (*huios*) et vos filles (*thygatēr*) parleront en prophètes,

vos jeunes gens (*neanias*) auront des visions et vos vieillards (*presbyteros*) auront des rêves. Oui, sur mes esclaves, hommes et femmes [lit. esclaves hommes (*doulous*) et esclaves femmes (*doulas*)], en ces jours-là, je répandrai de mon Esprit, et ils parleront en prophètes ».

Henri Denis et Jean Delorme, dans le livre *Le ministère et les ministères selon le Nouveau Testament* écrivent ce qui suit :

« L'égalité est absolue entre l'homme et la femme tant du point de vue de l'appel au Royaume annoncé par Jésus que de l'appartenance au Christ par le baptême (Ga 3.28). Les femmes, comme les hommes, sont appelés à la sainteté. [...]

Le rôle des femmes à la suite de Jésus, souligné par Luc, n'est pas sans signification. Et leur témoignage en faveur de la mort, de la sépulture et de la résurrection de Jésus, alors que tous les disciples s'étaient enfuis, reste fixé de façon irremplaçable dans les évangiles synoptiques. [...] Les lettres de Paul attestent que des femmes, comme des hommes, sont au travail. Elles se dépensent, elles sont 'à la peine' pour faire connaître la Bonne Nouvelle, pour accueillir et réunir les chrétiens, pour manifester dans les communautés les dons de l'Esprit. [...] Des femmes remplissent les fonctions caractéristiques de prophètes, dans la prière publique, l'exhortation, l'expression d'une révélation (1Co 11.5 ; cf. 14.3,26). Ce fait est connu aussi des Actes (21.9 ; cf. 2.17-18). [...] Les Epîtres pastorales signalent que le ministère des diacres est rempli par des femmes ».[99]

La réception de l'Esprit n'est pas limitée à un genre, ni à un âge, pas plus qu'à une ethnie. Les jeunes gens, les jeunes filles, les hommes, les femmes et les personnes âgées sont concernés. Il s'agit d'une décision divine et non humaine. C'est ce que dit aussi la 17ᵉ croyance fondamentale de l'Eglise adventiste.

---

[99] Henri Denis et Jean Delorme, « La participation des femmes aux ministères », dans *Le ministère et les ministères selon le Nouveau Testament*, p. 506-507.

L'homme et la femme, créatures de Dieu et ce qu'en dit Paul

L'herméneutique adventiste prend ses racines dans le revivalisme évangélique nord-américain du XIXe siècle. Les mouvements de réveil commencent au milieu du XVIIIe siècle déjà. Ils sont une réaction au rationalisme et à l'intellectualisme de cette période. Les revivalistes veulent remettre sur les devants de la scène les enseignements doctrinaux des Réformateurs du XVIe siècle. Le mouvement apparaît en Grande-Bretagne (John Wesley) et touche d'autres régions européennes. C'est l'époque où, en réaction à une religion purement intellectuelle et rationnelle, les revivalistes veulent lui redonner un caractère plus existentiel et émotionnel. C'est la période de la pratique du *camp-meeting* qui se développe très rapidement aux Etats-Unis chez les adventistes, et en Suisse, premier pays touché par l'adventisme en dehors de l'Amérique du Nord, dans les années 1880.[100]

Le TOSC souligne avec raison que « la Bible ne recommande pas explicitement ni n'interdit la consécration des femmes au ministère pastoral ».[101] Et que « Mettre différents textes ensemble et comprendre leur signification théologique nécessite une grande connaissance de l'ensemble de

---

[100] Voir Karl Waber, *Aperçu de l'histoire des adventistes du septième jour en Suisse de 1865 à 1901*, p. 158 et suivantes. Je cite ci-après les propos de David Trim, directeur du Bureau des archives, des statistiques et de la recherche de la Conférence générale dans son article « Un spectacle nouveau. Origines et premières années des camp-meetings adventistes », *Adventist World*, juin 2024, p. 25 : « Le premier camp-meeting organisé en Grande-Bretagne eut lieu le 31 mai 1807, près de Stoke on Trent. Ce sont les méthodistes qui l'organisèrent, sous l'impulsion de Lorenzo Dow – un prédicateur charismatique et controversé du renouveau américain. [...] Le premier camp-meeting adventiste organisé à l'extérieur des Etats-Unis eut lieu au Canada en 1879. [...] Le premier camp-meeting à l'extérieur de l'Amérique du Nord se tint à Moss, dans l'est de la Norvège, en juillet 1887. Ellen White et son fils Willie, tous deux en visite en Europe, assistèrent à ce camp-meeting. [...] En 1888, la Fédération de l'Europe centrale organisa son tout premier camp-meeting. Il se tint à La Chaux-de-Fonds, en Suisse ».

[101] TOSC 65.

l'enseignement biblique ».[102] Comme dans toute démarche herméneutique, il est nécessaire de tenir compte des découvertes archéologiques, de l'anthropologie, de l'histoire et surtout des contextes.

Dans le paragraphe « Text, Theology, and Ordination », le TOSC[103] dit ceci :

> « Même si la Bible ne contient aucune déclaration explicite et directe recommandant la consécration des femmes au ministère, il n'existe pas non plus d'obstacle biblique à cette pratique. Au contraire, une analyse textuelle biblique et théologique attentive indique qu'il faut inclure et affirmer pleinement les femmes dans tous les postes ministériels. Cette approche est utilisée par toutes les parties impliquées dans la discussion sur la consécration des femmes au ministère. En l'absence d'une recommandation explicite, nous devons rechercher l'enseignement biblique sur la relation entre l'homme et la femme. Ce n'est qu'en écoutant attentivement ce que la Bible enseigne ainsi que son emphase théologique que nous pouvons parvenir à une conclusion solide ».

Il est plus qu'important de revoir notre herméneutique et de considérer les aspects cultuels, culturels, éthiques, ethniques, politiques et sociaux qui ont fait qu'il y a deux mille ans et plus la femme ne pouvait pas accéder aux charges généralement considérées comme réservées aux hommes.[104]

Les écrits bibliques ne se prononcent ni pour ni contre la consécration des femmes au ministère pastoral et pourtant cela fait plus de 150 ans que les hommes dirigent l'Eglise et que les femmes ne peuvent accéder au ministère pastoral au sein de l'Eglise adventiste.

L'interprétation des textes bibliques peut varier en fonction de la culture du lecteur, de son origine socio-culturelle, de sa tradition religieuse qu'il n'est souvent pas prêt à remettre en question. Mais l'herméneutique du texte peut aussi être influencée par la formation professionnelle de celui qui étudie le texte.

Le verbe *ermēneuō* veut dire « signifier, expliquer par des mots,

---

[102] TOSC 66.

[103] TOSC 68.

[104] Voir également Roland Meyer, *Paul et les femmes*, Collonges-sous-Salève/Dammarie-lès-Lys, Faculté adventiste de théologie/Vie et Santé, 2013.

interpréter »,[105] « exprimer ».[106] Le substantif *ermēneia* se traduit par « interprétation »,[107] « éclaircissement, explication »,[108] « capacité de faire une traduction... résultat d'une procédure interprétative ».[109] Le mot *ermēneus* se traduit par « interprète d'une langue étrangère, [...] mais aussi avec le sens général de « celui qui interprète, fait comprendre ».[110] Richard Davidson définit ainsi l'herméneutique biblique, science de l'interprétation : « L'herméneutique biblique est l'étude des principes de base et des procédures pour interpréter soigneusement et correctement la Parole de Dieu ».[111]

Davidson divise son chapitre sur l'interprétation des Ecritures en six parties, à savoir : 1. Texte et traduction, 2. Contexte historique, 3. Analyse littéraire, 4. Analyse verset par verset, 5. Analyse théologique, 6. Application contemporaine (en soulignant le fait que les Ecritures « traversent les cultures et le temps »).

Après une étude exégétique des textes néotestamentaires il apparaît, comme déjà souligné, qu'il n'y a pas de mention de femme consacrée au ministère pastoral. Par contre il y a de nombreuses femmes qui sont nommées comme étant des collaboratrices au ministère pastoral tel qu'il est conçu dans le Nouveau Testament.

L'étude de Genèse 1 et 2 nous autorise à affirmer qu'il n'y a pas de hiérarchie établie ni dans un sens ontologique, ni dans un sens fonctionnel. Les deux êtres humains sont créés à l'image de Dieu et les deux reçoivent pour mission de gérer leur site de vie. Il n'est jamais question de domination et de soumission au sein du premier couple créé par Dieu.

---

[105] Strong 2059. Voir aussi le verbe *diermēneuō*, « ce que signifie », Strong 1329.

[106] Pierre Chantraine, *Dictionnaire étymologique de la langue grecque. Histoire des mots*, Paris, Klincksieck, 1968, p. 373 (Chantraine).

[107] Strong 2058.

[108] Bailly 806.

[109] BDAG 393.

[110] Chantraine 373.

[111] Richard M. Davidson, *L'interprétation de la Bible*, Collonges-sous-Salève, Faculté adventiste de théologie, 2008, p. 13. Ce livre est la traduction de l'un des chapitres du *Handbook of Seventh-day Adventist Theology* (Commentary reference series 12), Hagerstown, MD, Review and Herald Publishing Association and the General Conference of Seventh-day Adventists, 2000.

« Faisons l'humain à notre image ». La formule de Genèse 1.26 « Faisons l'humanité [*'adam*] à notre image [*tselem*], selon notre ressemblance [*demut*] » peut sembler lapidaire. Elle résume la place qu'occupe l'humain dans la création. Ces expressions sont mentionnées ensemble ou séparément dans le livre de la Genèse.[112] L'auteur du texte précise l'intention de Dieu de créer l'humain à son image et à sa ressemblance (1.26).[113] Il situe ainsi l'humanité dans une dimension existentielle et relationnelle particulière. Son rapport à Dieu est défini comme unique. Les textes rapportent que Dieu a créé l'humanité (*'adam*) et que par conséquent le mâle et la femelle sont à l'image de ce Dieu créateur. Il est capital de se souvenir que l'homme et la femme sont égaux au sortir des mains du Créateur. La domination sur la création est donnée aux deux, ainsi que la responsabilité de la procréation.

Dans le texte qui nous occupe (Gn 1.26,27), le mot *image (tselem)* est attribué à l'humain créé par Dieu. Mais le texte ne s'arrête pas à un seul mot, il se prolonge par le terme *ressemblance (demut)*. C'est bien ce groupe de mots qui va exprimer à la fois toute la valeur de l'humanité et sa place par rapport à Dieu.

Les expressions *à l'image de* et *à la ressemblance* indiquent une correspondance entre l'homme et Dieu, mais non une relation essentielle (essence) ; l'humain n'est pas d'essence divine, mais il est issu du vouloir divin. Il a une relation spéciale avec Dieu et c'est ce qui fait qu'il occupe une place particulière dans la création. « L'homme provient d'une interpellation de Dieu », écrit Hans Walter Wolff.[114] En créant l'humain à son image, Dieu place cette créature dans une relation spécifique avec les autres créatures. L'humain – homme et femme – est appelé à dominer. L'auteur souligne cette spécificité

---

[112] Gn 1.26,27 ; 5.1,3 ; 9.6. Il se dégage de ces textes que la notion d'image n'a pas été anéantie par le péché. L'homme et la femme sont toujours à l'image de Dieu en tant qu'ils demeurent ses créatures, mais ils sont devenus de mauvais représentants de Dieu sur terre. Voir Edmond Jacob, *Théologie de l'Ancien Testament*, Neuchâtel, Delachaux et Niestlé, 1968, p. 135.

[113] Franz Josef Stendebach, « צֶלֶם », *Theological Dictionary of the Old Testament*, Grand Rapids, MI, Eerdmans, Vol. 12, p. 388 (*TDOT*).

[114] Hans Walter Wolff, *Anthropologie de l'Ancien Testament*, Genève, Labor et Fides, 1974, p. 139. Wolff souligne l'idée que Dieu transmet une charge spéciale à l'homme en lui donnant la maîtrise sur les créatures. « Le but de la décision divine de créer une 'image de Dieu' est aussitôt défini par le fait que l'homme est placé dans une relation particulière avec les êtres vivants antérieurement créés (1.26b) », p. 140.

en Genèse 1.28, en faisant remarquer que l'ordre est donné par Dieu de remplir la terre, de l'assujettir, *kabash*[115] et de dominer, *radah*[116] sur les autres créatures.

Dans ce premier texte disant la création de l'humanité il n'y a pas la moindre indication d'une domination du mâle sur la femelle. Pas la moindre parole divine suggérant une hiérarchie d'autorité.

Le TOSC[117] commente ce texte en disant que

> « Bien que les termes 'homme' et 'femme' évoquent des différences sexuelles (biologiques) et autres, l'homme et la femme reçoivent tout de manière égale et sans distinction, l'ordre de dominer, non pas l'un sur l'autre, mais tous deux ensemble sur le reste de la création de Dieu ».

L'homme créé le premier. Le récit génésiaque rapporte que l'homme a été créé le premier et la femme ensuite (2.7,22). Les adeptes de la supériorité de l'homme vont en tirer la conclusion que l'antériorité implique la prééminence et que le fait, pour la femme, d'avoir été créée en dernier implique sa soumission à la première créature. De même, le fait que la femme a été créée à cause de l'homme (2.18-20) va impliquer, pour les défenseurs de la supériorité masculine, que la femme est là comme aide et assistante du chef. Plus encore, la précision que la femme est sortie de l'homme (2.21,22) peut vouloir insister sur le fait que la femelle est un dérivé du mâle et donc qu'elle lui est inférieure. Et comme le texte stipule que la femme est faite à partir de la côte de l'homme, cela pourrait vouloir dire, pour ceux qui se considèrent comme les maîtres de la femme, que la femme est bien dépendante de l'homme en matière de vie. Et enfin, puisque l'homme semble donner un nom à sa femme (2.23), cela pourrait vouloir indiquer son ascendant sur elle.

Mais en quoi le fait d'avoir été créé le premier (2.7,22) pourrait-il indiquer une quelconque supériorité de l'homme sur la femme ? En quoi un enfant

---

[115] Strong 03533. Ce verbe signifie assujettir, subjuguer, forcer, garder sous, amener en servitude.

[116] Strong 07287. Ce verbe signifie dominer, triompher, surveiller, fouler aux pieds, subjuguer, assujettir.

[117] TOSC 68.

premier-né est-il le dominateur des suivants ? Si dans certaines civilisations les premiers-nés ont des droits civils ou familiaux, cela ne veut pas dire qu'ils sont des êtres dominant le reste de la fratrie. Ce qui est premier n'est pas *de facto* supérieur à ce qui vient ensuite. Dans une chaîne d'événements, chaque événement est important. Ce n'est pas parce que le premier jour de la création est premier qu'il est plus important que les autres. Il ne serait rien sans les autres. C'est ce que nous dit le récit de la création des humains ; l'homme serait insuffisant sans la femme. On parle volontiers de la création de l'humanité, le sixième jour, comme couronnement de la création, mais qu'est-ce qui couronne vraiment la création de l'humanité, si ce n'est la femme, créée en dernier ? – Beau clin d'œil de Dieu !

Les textes relatant la création, qu'il s'agisse de Genèse 1.1 à 2.3 ou de Genèse 2.4-25, doivent être lus selon une approche herméneutique bien précise. Prendre le récit génésiaque comme information scientifique donnée par Dieu à l'humanité serait lui ôter toute sa finalité. Le texte me dit d'où je viens sans me dire comment je suis venu. Il me dit mon origine sans me préciser comment je l'ai acquise. Notre très regretté le Professeur Jean Flori se plaisait à nous dire dans ses cours que « les premiers chapitres de la Genèse ne sont pas des renseignements mais des enseignements ». Il a d'ailleurs consacré quelques pages à ce sujet dans la première partie de son livre *Genèse ou l'antimythe*.[118]

Les textes rapportant le récit de la création ont bien pour intention de donner des enseignements au lecteur et non des renseignements. Les enseignements anthropologiques sont clairs : l'homme et la femme sont créés à l'image et à la ressemblance de Dieu. Ils ont pour mission de se multiplier, de garder le jardin et de dominer sur les animaux. Il n'y a pas une seule allusion à une quelconque hiérarchie. Les différences qui sont les leurs ne sont jamais présentées comme des supériorités ou des infériorités, mais comme des complémentarités.

La femme créée à cause de l'homme. Le fait que la femme ait été créée à cause de l'homme (2.18-20) n'implique pas sa soumission à l'homme. Le narrateur dit que Dieu a fait pour l'homme une *'ezer kenegdô*. Le mot *'ezer* est souvent traduit par aide, ce qui n'est pas incorrect, mais il ne faut pas oublier

---

[118] Jean Flori, *Genèse ou l'antimythe*, voir « Enseigner ou renseigner », p. 47-59.

que ce vocable est choisi par le narrateur pour dire ce qu'était la femme par rapport à l'homme avant le péché. Or, dans nos sociétés dégénérées, une aide est souvent une personne féminine qui est considérée comme inférieure à celui qu'elle aide et sur laquelle le supérieur considère avoir des droits et n'avoir pratiquement aucun devoir. En rester là signifie ne pas se donner la peine de tenter de comprendre ce qu'un texte, vieux de plusieurs millénaires et écrit dans une langue où chaque mot a son importance, comme en toute langue d'ailleurs, veut vraiment dire. Lorsque l'auteur emploie ici le mot *'ezer*, il suggère l'idée de secours, de protection.[119] « Ce mot est généralement utilisé pour désigner l'aide divine ».[120]

Dire de la femme qu'elle est le secours de l'homme signifie en clair que l'homme n'est rien sans elle. Valérie Duval-Poujol précise que *'ezer* « décrit une collaboration lorsque la force d'une personne est insuffisante : il devrait donc être traduit par 'soutien, secours', et même 'salut' ».[121]

Dieu va faire pour l'homme un être semblable à lui, et certainement différent de lui : « Je vais lui faire une aide qui sera son vis-à-vis (*'ezer kenegdô*) ». Le texte est sans équivoque : la femme est l'égale de l'homme, elle lui fait face. L'adverbe *neged* signifie « devant, en présence, en face, vis-à-vis ».[122] Le dictionnaire Sander et Trenel traduit Genèse 2.18 comme suit : « Je veux lui faire une aide qui lui convienne, qui lui ressemble, ou qui soit toujours devant lui, auprès de lui ».[123] Valérie Duval-Poujol précise que

> « *kenegdo* vient du verbe *nagad* 'communiquer par la parole, dire, annoncer, raconter'. Donc l'homme et la femme sont un soutien qui se correspondent l'un à l'autre, et leur façon de se correspondre sera d'être un 'vis-à-vis', un 'répondant' qui par leurs paroles s'aideront à se construire ».[124]

---

[119] Edward Lipinski, « עֵזֶר », *TDOT* 11.13. « Le verbe עֵזֶר (*'azar*) aider, contient la notion de protection ».

[120] Carl Schultz, « עֵזֶר », *Theological Wordbook of the Old Testament*, Chicago, MI, Moody Press, Vol. 2, p. 661 (*TWOT*).

[121] Valérie Duval-Poujol, *La Bible est-elle sexiste ?*, p. 67.

[122] Nathaniel Philippe Sander et Isaac Léon Trenel, *Dictionnaire Hébreu-Français*, Paris, Comptoir du livre du Keren Hasefer, 1965, p. 428 (Sander et Trenel).

[123] Sander et Trenel 428.

[124] Valérie Duval-Poujol, *La Bible est-elle sexiste ?*, p. 68.

La femme n'est voulue ni à côté, ni derrière l'homme, pas plus qu'à ses pieds ; Dieu la place en face de l'homme. Il souligne par là une égalité existentielle et une correspondance. Une interlocutrice. Le secours (*'ezer*) dont l'homme est le bénéficiaire n'est ni un esclave ni un objet de plaisir. Jacques Doukhan commentant Genèse 2.18 écrit :

> « Appeler la femme 'aide' ne signifie pas, alors, que le rôle de la femme est uniquement limité à assister l'homme qui est celui qui fait le travail. Le mot qui fait référence à l'assistance divine et au salut devrait donc éclairer la signification théologique du rôle de la femme dans le processus du salut ».[125]

Le mot *'ezer* est souvent utilisé pour définir l'aide que Dieu apporte aux humains dans leurs difficultés (Ex 18.4 ; Dt 33.7,26 ; Ps 33.20…). Ainsi, la femme vient bien au secours de la solitude de l'homme. La descendance et l'éducation de l'humanité se jouent dans un rapport de complicité et de complémentarité étroit et intime. La pérennité de l'image de Dieu ne peut être assurée que par deux êtres eux aussi à l'image de Dieu. La notion chronologique, la femme créée en deuxième lieu, n'entre pas dans le calcul de l'importance, mais bien dans le concept divin qui veut que les deux s'attachent l'un à l'autre et assurent ainsi la représentation de Dieu et la gestion des biens qu'il leur a confiés.

Après une étude attentive des deux premiers chapitres de la Genèse, Jacques Doukhan arrive à la conclusion que l'idée de la soumission de la femme à l'homme n'apparaît pas et que cette notion « ne faisait pas partie du plan originel de Dieu lors de la création ».[126]

La femme sortie de l'homme. En quoi le fait que la femme soit sortie de l'homme impliquerait qu'elle lui soit subordonnée ? D'ailleurs, que s'est-il passé au juste ? Le récit nous surprend. Là où précisément le dominateur éventuel voudrait tout comprendre pour justifier sa domination, les informations sont brouillées par Dieu lui-même qui endort le mâle pendant

---

[125] Jacques B. Doukhan, *Genesis*, Seventh-day Adventist International Bible Commentary, Nampa, ID, Pacific Press/Review and Herald, 2016, p. 80.

[126] *Ibid.*, p. 105.

l'opération et qui le réveille pour constater le chef-d'œuvre de la création.

Le premier contact que l'homme a eu après sa formation de la poussière était avec le Créateur, pas avec sa femme. Il en fut de même pour la femme ; son premier contact était avec son Créateur, pas avec son mari, qui dormait. L'homme et la femme sont issus du bon vouloir divin, faits pour s'aimer et se respecter. La côte ou le côté[127], *sela* en hébreu, donne à penser que l'auteur veut faire ressortir les notions de relation, d'inséparabilité, de solidarité et d'égalité.

L'homme a face à lui la compagne qu'il n'avait pas trouvée dans le défilé des animaux. Elle est ontologiquement égale et en même temps différente afin d'accomplir l'ordre donné par le Créateur : multipliez, remplissez la terre et dominez sur les animaux. Il n'est pas dit que l'un domine l'autre. De plus cette femme a été façonnée par le Créateur. Le verbe *banah* est important (Gn 2.22). Il signifie « former, bâtir, fonder, établir ».[128] Ce verbe implique, dit Valérie Duval-Poujol, « une modification importante pour un résultat solide ; on l'emploie pour des tours, des villes, rien qui fasse penser à une création fragile : Eve n'est pas un morceau d'Adam, une sous-créature ».[129]

Pour Richard Davidson, « Les récits génésiaques de la création (Gn 1-2) présentent l'égalité de l'homme et de la femme sans hiérarchie avant la chute et présentent cela comme un idéal, même dans un monde de péché ».[130] A ce sujet, Ellen White écrit que « Lorsque Dieu créa Eve, il la conçut comme n'ayant aucune infériorité par rapport à l'homme, ni supériorité, mais qu'en tout elle soit son égale ».[131]

L'homme et la femme après la chute. Après la tentation, à laquelle Dieu avait rendu les humains attentifs, la fracture est nette et sans appel. Les contraintes, les douleurs, les difficultés sont les prémices de la mort et Dieu

---

[127] Heinz-Josef Fabry, « צֵלָע », *TDOT* 12.400.

[128] Strong 01129.

[129] Valérie Duval-Poujol, *La Bible est-elle sexiste ?*, p. 75.

[130] Richard M. Davidson, « The Genesis Account of Origins », dans Gerald A. Klingbeil (éd.), *The Genesis Creation Account and its Reverberations in the Old Testament*, Berrien Springs, Andrews University Press and the General Conference of Seventh-day Adventists, 2015, p. 128.

[131] Ellen G. White, *Testimonies for the Church*, Vol. 3, Mountain View, CA, Pacific Press Publishing Association, 1948, p. 484.

ne cache rien à ses créatures déchues. Il leur confirme que ce qu'il leur avait annoncé se réalise selon le choix qu'ils ont fait.

La mort ne supprime pas instantanément les créatures pécheresses. En attendant, le mal est là avec son cortège de catastrophes et de souffrances. Dans ce contexte apparemment désespéré, Dieu s'approche de l'homme et de la femme pour leur dire la réalité des choses, qui n'est que la conséquence de leur choix et non une punition divine. Dieu est un Dieu d'amour et sa pédagogie n'a pas besoin de passer par la punition, mais par la prise de conscience de la situation inextricable dans laquelle les humains se sont fourvoyés.

C'est dans ce contexte que l'auteur du texte rapporte que les souffrances de la grossesse de la femme augmenteront, que ses désirs se porteront vers son mari et que celui-ci dominera sur elle. Le mot est lâché : « il dominera (*mashal*) sur toi » (3.16). Ce verbe signifie « dominer, présider, gouverner ».[132] La Septante traduit ce verbe par *kyrieuō*, « diriger, dominer, être le maître de ».[133] Considérant le chapitre 3 de la Genèse, Christoph Uehlinger écrit que « Le couple transgresse un interdit de Dieu et se voit chassé du jardin (Gn 3) ; hors du jardin, la différenciation des modes de vie et l'inégalité des rapports à Dieu conduit les hommes à des rapports de plus en plus violents entre eux ».[134]

Au chapitre 1 (28), l'homme et la femme reçoivent pour mission de dominer, *radah*, sur les animaux. La supériorité de l'homme sur l'animal vient du fait que Dieu n'a pas décidé de faire des animaux des êtres vivants à son image et à sa ressemblance et que seuls les humains ont ce privilège, mais aussi cette responsabilité. L'auteur du récit fait un choix de vocabulaire différent pour parler de la domination des humains sur les animaux et de la domination de l'homme sur la femme après la chute.

Le verbe *mashal* de Genèse 3.16 n'implique nullement l'idée de force exercée à l'endroit d'un plus faible pour le dominer.[135] La première occurrence de ce verbe se trouve en Genèse 1.16, lorsque l'auteur parle des deux

---

[132] Strong 04910.

[133] BDAG 576.

[134] Christoph Uehlinger, « Genèse 1-11 », p. 200.

[135] Voir John Skinner, *Genesis*, International Critical Commentary, Edimbourg, T. & T. Clark, 1930, p. 53.

astres qui président au jour et à la nuit : « Dieu fit les deux grands luminaires, le grand luminaire pour dominer (*mashal*) le jour et le petit luminaire pour dominer (*mashal*) la nuit, ainsi que les étoiles ». Ils sont bien là ces deux astres pour permettre et favoriser la vie des créatures et non pour faire souffrir les humains.

Jacques Doukhan voit dans la deuxième partie du verset 16

> « une promesse, un message d'espoir suite aux échecs respectifs d'Adam et Eve dans leur relation l'un avec l'autre. Le parallèle très fort entre les versets 15 et 16 de Genèse 3 nous fait comprendre que le verset 16 ne doit pas être lu dans le sens négatif d'une malédiction contre la femme, mais dans la perspective positive de la prophétie messianique du verset 15, avec la promesse du salut ».[136]

La conséquence du péché est bien la mort de l'homme et de la femme et non la domination de l'homme sur la femme. Lorsqu'un être est en situation de détresse, il convient de le rassurer et non de l'enfoncer dans sa détresse en lui présentant son bourreau. Seul un être incapable de se maîtriser peut se déclarer dominateur de sa femme sous prétexte qu'elle a commis une faute. Le déploiement de force là où il faudrait déployer de l'amour n'est jamais la preuve d'une grande sagesse, mais plutôt celle de la monstruosité.

Malgré la terrible situation dans laquelle la femme a conduit son mari et malgré la situation sans retour dans laquelle le mari s'est placé en acceptant le projet de l'ennemi, la femme continuera à donner la vie et son envie se portera toujours vers son mari. L'amour n'est pas détruit. L'ennemi n'est donc pas arrivé à casser entièrement le plan de Dieu. N'étant pas maître de la vie, il ne peut en détruire l'origine car Dieu reste le plus fort et c'est comme s'il demandait à ses créatures, au fond du trou, de mettre tout en œuvre, avec lui, pour s'en sortir, car tant qu'il y a de la vie, il y a de l'espoir. Malheureusement, l'histoire montre que l'homme est souvent plus le bourreau de sa femme que son protecteur. Mais cela, ce n'est pas Dieu qui l'a voulu. Il convient donc de chercher en dehors de la Bible les origines et les raisons de la maltraitance de la femme par l'homme.

---

[136] Jacques Doukhan, *Genesis*, Dammarie les Lys, Vie et Santé, 2022, p. 27.

Le verbe hébreu *mashal* « est généralement traduit par 'dominer', mais la nature précise de la domination est aussi variée que les situations réelles dans lesquelles l'action ou l'état ainsi désigné se produit ».[137] Commentant ce verbe, Davidson parle d'« une gouvernance [*leadership*] de service de protection, de soins et d'amour ».[138] Pour Peter van Bemmelen, « la 'suprématie' que Dieu accorda à l'homme était dans le but de protéger et de chérir la femme, non de l'opprimer et d'abuser d'elle ».[139]

Le contexte dans lequel cette parole est prononcée par Dieu et rapportée par l'auteur du texte en fait une demande à l'homme de porter de l'amour à sa femme après la chute, plutôt qu'une désignation d'être un supérieur hiérarchique. Ce vocable est chargé des notions de protection, de soin à apporter et d'amour à prodiguer. L'expression « il dominera sur toi » n'est pas donnée à la femme pour la terroriser mais pour la rassurer. Le TOSC précise également que le verbe *mashal*

> « désigne une direction (*leadership role*) qui implique réconfort, protection, soin et amour. [...] La direction aimante en Genèse 3.16 se limite *aux relations mari et femme*, ce qui n'implique pas une subordination générale des femmes aux hommes ou une domination des hommes sur les femmes. En bref, il n'y a aucun obstacle dans Genèse 3 qui empêche la femme de participer pleinement et équitablement avec l'homme dans tout ministère auquel Dieu peut l'appeler et pour lequel il peut la rendre capable ».[140]

1 Corinthiens 11.2-16. Cette lettre écrite aux Corinthiens est l'une des plus anciennes de la correspondance paulinienne. Paul l'écrit d'Ephèse où les problèmes ne manquent pas non plus, au début des années 50, vraisemblablement en 54. Les épîtres sont, pour beaucoup, des réponses à des questions. Les informations qu'il reçoit en provenance de Corinthe montrent des

---

[137] Robert D. Culver, « מָשַׁל », *TWOT* 1.534.

[138] Richard M. Davidson, « Headship, Submission, and Equality in Scripture », dans *Women in Ministry*, p. 269.

[139] Peter M. van Bemmelen, « Equality, Headship, and Submission in The Writings of Ellen G. White », dans *Women in Ministry*, p. 299.

[140] TOSC 72.

insatisfactions quant au déroulement du culte. Il n'a nullement l'intention de s'étendre sur la question des relations homme-femme (mari-épouse), ce n'est pas son sujet, mais il tente de résoudre les problèmes qui font obstacle à la paix au sein de la communauté corinthienne.

La question de la bienséance lors des réunions spirituelles est posée. Quelles doivent être les attitudes des femmes et des hommes qui prennent la parole en public ? A ce fait divers de la vie de l'Eglise, Paul va donner une série d'arguments dont la logique n'est pas des plus évidentes. Il est manifestement embarrassé car les prises de parole des femmes, tant pour la prière que pour la prophétie, n'étaient pas dans les habitudes socioculturelles de l'époque.

Ce genre de tension dans une société qui ne connaît pas l'égalité des genres sur le plan social peut être considéré comme normal. Paul a compris que le salut s'adresse à tous les peuples et que missionner n'est pas l'apanage des seuls hommes. La mixité des responsabilités dans l'Eglise émane bien d'une volonté paulinienne. L'égalité de l'homme et de la femme au sein de l'Eglise, par la volonté de Paul, ne trouve pas son pareil au sein de la société de laquelle proviennent ces hommes et ces femmes. Loin d'être antiféministe ou misogyne, Paul est bien le défenseur de la femme dans une société où elle a le droit et le devoir de faire les « petits boulots » en silence et dans la soumission.

Les traditions, v. 2. Il est difficile de savoir avec précision à quelles traditions Paul fait ici allusion. Toujours est-il que l'apôtre commence par féliciter les Corinthiens de se souvenir de lui et des traditions qu'il leur a transmises. Le problème que Paul va traiter maintenant concernant les moyens qui donneront autorité à la femme en matière de prière et de prédication publiques est l'une des questions les plus difficiles de la lettre.

Le débat ne s'articule pas autour de la question de la femme en général, mais de la femme qui prend la parole dans une assemblée pour prier ou prophétiser la tête nue. Pour Christophe Senft il s'agissait peut-être de femmes qui, « lorsqu'elles étaient saisies par l'inspiration, voulaient, en se produisant la tête découverte, se libérer d'un signe discriminatoire et afficher la liberté totale à laquelle l'Esprit promeut l'inspiré ».[141]

---

[141] Christophe Senft, *La première épître de saint Paul aux Corinthiens*, Neuchâtel, Delachaux et Niestlé, 1979, p. 141.

Le brassage de populations à Corinthe a pu contribuer à cette tension qui s'est créée au sein des chrétiens de la ville, chacun et chacune portant avec lui les traditions de sa religion d'origine.

Fondement de la pratique chrétienne, v. 3. Paul écrit que « la tête de tout homme, c'est le Christ ; la tête de la femme, c'est l'homme ; et la tête du Christ, c'est Dieu ». La tradition à laquelle Paul rend attentifs ses lecteurs s'articule bien autour d'un concept établi. On retrouve cette idée dans le judaïsme hellénistique influencé par la pensée platonicienne qui place Dieu au sommet de la hiérarchie. Mais l'apôtre veut-il vraiment rappeler qu'il y a une hiérarchie ? S'il avait voulu établir une hiérarchie, il aurait sans doute placé les êtres dans un ordre différent, tel que par exemple : l'homme est la tête de la femme, le Christ est la tête de l'homme, Dieu est la tête du Christ. Il ne semble pas que son propos soit vraiment là. Il est plutôt occupé à montrer dans quel cadre de fonctionnement se situent l'homme et la femme. En commençant par montrer qui est la tête de tout homme, Paul place l'homme et la femme aussi – puisqu'elle est, au même titre que l'homme image de Dieu – sous la bonne garde du Christ. Il est important pour les Corinthiens de savoir qui est la tête de qui.[142]

Le Christ est la tête (*kephalē*) de tout homme (*anēr*) dit Paul. Le Christ est à la fois le créateur et le rédempteur de l'homme. Il est celui qui le garde en vie spirituellement en attendant le salut éternel. Jésus est l'origine de toute chose et de tout être. Il est à la fois l'origine, l'autorité et la prééminence. Il poursuit en disant que l'homme (*anēr*) est la tête (*kephalē*) de la femme (*gynē*). Il situe ici les relations homme-femme sans parler de soumission. Quant à Dieu qui est la tête (*kephalē*) du Christ, il faut le considérer dans la relation du Christ incarné, appelé aussi Fils de Dieu. Il serait difficile de concevoir que la relation Dieu-Christ dans la situation « céleste » soit envisagée comme une relation hiérarchisée. Au cours de l'incarnation, Jésus devant « se battre » contre l'ennemi a besoin de l'aide du Père pour parvenir à la victoire. Dieu est ainsi le Père protecteur et bienveillant.

---

[142] Roy E. Ciampa et Brian S. Rosner, *The First Letter to the Corinthians*, Grand Rapids/Cambridge, Eerdmans/Apollos, 2010, p. 506 et suivantes.

Le vrai problème soulevé dans cette péricope n'est pas tant la question de soumission ou de domination que celle d'honneur et de déshonneur.[143] Paul reprend cette argumentation bien connue des milieux auxquels il s'adresse, se montrant par-là respectueux des traditions. Mais l'apôtre n'en restera pas là car pour lui, en Christ, la femme est l'égale de l'homme. Il accroît la difficulté de compréhension en utilisant le mot *kephalē* (tête, chef) à plusieurs reprises, parfois dans un sens physique et parfois dans un sens figuré, jouant même sur le sens de ce mot :

> (v. 3,4,5) « La tête de tout homme, c'est le Christ ; la tête de la femme, c'est l'homme ; et la tête du Christ, c'est Dieu. Tout homme qui prie ou qui parle en prophète la tête couverte fait honte à sa tête. Mais toute femme qui prie ou qui parle en prophétesse la tête non couverte d'un voile fait honte à sa tête : c'est comme si elle était rasée ».

En quoi le Christ est-il le chef de l'homme et pourquoi ne le serait-il pas aussi de la femme ? Il paraît évident que l'apôtre fait ici allusion à la logique de la création qui se fait par le Christ (1Co 8.6), qui pour Paul est l'homme céleste (1Co 15.47). La référence au récit de la création rapporté en Genèse 2.21,22 est évidente lorsqu'il dit que « ce n'est pas l'homme qui a été tiré de la femme, mais la femme de l'homme » (1Co 11.8). Selon le récit génésiaque, la femme est une créature tirée de l'homme, le premier créé.

Paul met en évidence trois degrés de relation : la relation humano-humaine, la relation humano-divine et la relation divino-divine : l'homme et la femme, l'homme et le Christ, le Christ et Dieu. La finalité qu'il poursuit, tant à Corinthe qu'à Éphèse, est de libérer la femme de la contrainte machiste dont elle a été victime durant des millénaires et de lui donner sa place dans la famille, dans la société et dans l'Eglise.

L'homme n'est ni le créateur de la femme ni son maître. Si Paul avait employé le terme *archē* (commencement, principe, cause) pour désigner la position dominante de l'homme par rapport à la femme, on aurait pu alors penser qu'il voulait démontrer sa supériorité ontologique et hiérarchique, mais il emploie le mot *kephalē* (tête, chef) dans le sens qu'il est son protecteur

---

[143] Voir Andrianjatovo Rakotoharintsifa, *Conflits à Corinthe. Eglise et société selon 1 Corinthiens. Analyse socio-historique*, Genève, Labor et Fides, 1997, p. 209.

et qu'il prend soin de celle que Dieu lui a donnée comme son égale. Ce soin et cette attention qu'il lui porte est à l'image du soin et de l'attention que le Christ porte à l'homme, sa créature, et du soin et de l'attention que Dieu porte au Jésus incarné, son envoyé pour sauver l'humanité. Le mot *kephalē* exprime aussi une notion de provenance et d'origine.

La femme faisant un avec l'homme (Gn 2.24), elle ne doit pas le déshonorer dans les assemblées. Il convient donc qu'elle adopte les coutumes de bienséance en vigueur dans la région, lors des services religieux durant lesquels l'homme et la femme exercent les mêmes activités au sein de la communauté, à savoir la prière et la prophétie (v. 4a et 5a). Le comportement honteux de l'un déshonore le partenaire.

La tête de l'homme est le Christ, la tête de la femme est l'homme, la tête du Christ est Dieu. Paul montre par là qu'il y a des convenances sociales contre lesquelles il est difficile de s'élever. Compte tenu du contexte corinthien, il s'oppose à ce que les femmes, dans les assemblées, s'emparent d'une autorité qui ne leur est pas reconnue, à savoir de prêcher la tête non couverte. Les femmes dont il s'agit ne sont pas les femmes en général, mais les épouses de leurs maris (*anēr*). Il n'y a aucune mention de la soumission d'une femme à un homme ou des femmes aux hommes ; il s'agit bien d'une relation maritale.

Le comportement honteux, v. 4-6. Paul développe maintenant son argument (v. 4-16) : l'homme qui prie la tête couverte déshonore son chef (sa tête) ; quant à la femme, si elle prie la tête non voilée, elle déshonore son chef (sa tête). Mais à quoi sert le voile que les femmes sont censées porter ? A quelle coutume ou habitude ce texte fait-il référence ? C'est un problème suffisamment important pour l'époque pour que l'apôtre écrive tout un texte dont l'argumentation semble n'avoir pour but que de rétablir l'ordre là où le désordre aurait pu s'installer.

Pour quelle raison l'homme ne pouvait-il pas se couvrir la tête ? Lorsque Paul parle de la tête couverte de l'homme, il écrit textuellement ceci : « Tout homme priant ou prophétisant sur la tête ayant, fait honte à la tête de lui ». « Sur la tête ayant » est la traduction du grec *kata kephalē echōn*. C'est ce que l'on appelle en latin le *capite velato*. Dans la religion polythéiste romaine, lorsque les hommes officiaient dans les services religieux, ils se couvraient la tête par un pli de la toge. Donc si l'homme, dans la communauté chrétienne de Corinthe agissait ainsi alors qu'il priait ou prophétisait, il agissait tel un prêtre des divinités païennes, ce que Paul ne pouvait accepter.

Chez les Romains, la chevelure des femmes ne laissait pas les hommes indifférents. Ils considéraient que les forces sexuelles féminines étaient concentrées dans la chevelure.[144]

> « Pour une femme romaine mûre s'exposer elle-même (ou ses cheveux) à un regard sexuel pénétrant d'un homme autre que son mari équivalait virtuellement à l'annonce qu'elle était disposée à d'autres formes d'actes sexuels ».[145]

Les propos de Paul concernant le port du voile sont à replacer dans les traditions romaines du Ier siècle.[146] Le voile de la fiancée faisait partie des accessoires principaux de sa tenue vestimentaire. Il pouvait symboliser la solidité du mariage, la fidélité aux vœux du mariage et sa stabilité.[147] Il était aussi la marque de la modestie féminine. Mais il symbolisait également l'autorité du mari sur son épouse. De ce fait, se dévoiler exprimait une volonté de rompre les liens du mariage et cela revenait au même que d'avoir la tête rasée. Paul souligne donc le fait que, si une femme ne veut pas porter son voile de mariage, elle pourrait alors aussi se couper les cheveux ou se raser la tête. Le fait d'ôter leur voile lors de services religieux les aurait assimilées à des femmes légères dans le contexte des banquets qui se tenaient dans les maisons. Cela n'était pas concevable puisque dans le monde romain on s'attendait à une conformité aux lois et aux coutumes. En se privant de leur voile pour prier et prophétiser à l'occasion de cérémonies religieuses, les femmes mariées donnaient un signal clair de rébellion contre la loi romaine qui exigeait un tel signe extérieur.

L'apôtre Paul considérait que, devant le Christ, l'égalité de la femme et de l'homme était retrouvée, mais il ne pouvait pas aller trop vite en besogne car

---

[144] Voir l'étude de Laetitia La Follette, « The Costume of the Roman Bride », dans Judith Lynn Sebesta et Larissa Bonfante (éd.), *The World of Roman Costume*, Madison, University of Wisconsin Press, 2001, p. 55.

[145] Roy E. Ciampa et Brian S. Rosner, *The First Letter to the Corinthians*, p. 518.

[146] Voir Bruce W. Winter, *Roman Wives, Roman Widows. The Appearance of New Women and the Pauline Communities*, Grand Rapids/ Cambridge, Eerdmans, 2003.

[147] Voir Laetitia La Follette, « The Costume of the Roman Bride », p. 54-64.

il fallait tenir compte des traditions auxquelles la société était attachée et ces traditions étaient indiscutables ; il le dit lui-même au v. 16. Certains de l'Eglise de Corinthe avaient peut-être pensé que cette égalité supprimerait les différences d'apparence et que tous auraient les mêmes droits. Les Corinthiennes s'émancipaient[148], elles ne souhaitaient plus se soumettre à une tradition que les hommes leur avaient peut-être bien imposée.

Paul n'a nullement l'intention d'interdire à la femme l'accès à la prédication et à la prière[149] (v. 5). Il veut plutôt répondre à des questions posées par les Corinthiens.[150] L'apôtre n'est pas en train de dire que les prophétesses doivent reconnaître l'autorité masculine, mais il est en prise directe avec une tradition qui enferme la femme dans des obligations qui n'ont certes pas grand-chose à voir avec un problème théologique. Dans cette région du monde et à cette période de l'histoire, le voile symbolisait la protection et la dignité féminine.[151] Il faut se souvenir que, chez les Grecs, les esclaves avaient la tête rasée. C'était aussi le cas de certaines prostituées. La femme qui porte des cheveux courts ou qui a la tête rasée se met en situation de déshonneur et porte atteinte à son mari. Il semble aussi que porter de longs cheveux pour un homme pouvait être associé à un style de vie peu recommandable dans le monde romain[152].

Le port du voile n'est donc pas une fin en soi, mais une adaptation aux us et coutumes locaux et une marque d'autorité lors des services religieux. Daniel Marguerat souligne que,

« dans la société grecque, se raser les cheveux et arborer publiquement un crâne tondu est la marque d'une condition servile. La femme qui

---

[148] Voir Jean Héring, *La première épître de saint Paul aux Corinthiens*, Neuchâtel, Delachaux et Niestlé, 1959, p. 90.

[149] Voir Charles Kingsley Barrett, *The First Epistle to the Corinthians*, Londres, A. & C. Black, 1986, p. 247.

[150] Voir George Campbell-Morgan, *La première épître aux Corinthiens*, Saint-Légier, Emmaüs, [s. d.], p. 138.

[151] Voir Andrianjatovo Rakotoharintsifa, *Conflits à Corinthe*, p. 215.

[152] Voir Jerome Murphy-O'Connor, « 1 Cor 11.2-16 Once Again », *Catholic Biblical Quarterly* 50 (1988), p. 265-274.

prie sans voile n'est donc pas sanctionnée parce qu'elle désobéit, mais parce qu'elle se rend indigne de son rôle de partenaire de l'homme ».[153]

Paul semble donner quelques raisons pour justifier sa position. 1) Tout d'abord, le fait de rester attaché à la tradition et d'éviter de faire entrer dans l'Eglise des habitudes qui pourraient choquer. 2) Paul veut montrer qu'à son époque les hommes occupent une place et les femmes une autre, mais que les femmes peuvent aussi accéder aux « choses » spirituelles, à condition que tout se passe dans l'ordre. Dans la pensée de Paul, il est clair que les femmes ne sont pas inférieures aux hommes. 3) Le fait pour une femme d'avoir les cheveux courts et de ne pas porter de voile en public indiquait qu'elle était de basse condition morale, peut-être une prostituée, ou qu'elle revendiquait son indépendance sans tenir compte de la culture de son époque. 4) La femme, en portant un voile ou en ayant les cheveux longs, fait preuve d'autorité ; elle est donc libre de prier et de prophétiser en public. 5) Paul déclare l'égalité parfaite entre l'homme et la femme ; les deux étant des créatures de Dieu. 6) « Se couvrir » (*katakalyptō* de *kalyptō*, envelopper, voiler, cacher) du début du traité (v. 5,6) n'est pas le même mot que celui de la fin de la péricope (v. 15) : « la chevelure lui a été donnée comme voile », *peribolaion* (vêtement, manteau). Paul confirme l'interdépendance entre l'homme et la femme (v. 11,12) en disant que « dans le Seigneur, la femme n'est pas sans l'homme, ni l'homme sans la femme. En effet, tout comme la femme a été tirée de l'homme, de même l'homme naît par la femme ; et tout vient de Dieu ».

Il est important de relever que dans cette péricope, Paul n'utilise jamais le mot « voile » (*kalumma*),[154] mais les verbes« découvrir » et « couvrir ». Au verset 5 et au verset 13 il parle de la femme qui a la tête découverte (*akatakalyptos*), aux versets 6 et 7, il emploie trois fois le verbe *katakalyptō* se couvrir, se voiler. Et enfin, au verset 15 il parle de la femme, qui a les cheveux longs qui lui ont été donnés tel un manteau (*peribolaion*).

---

[153] Daniel Marguerat, *L'aube du christianisme*, p. 267.
[154] Il n'emploie ce mot que quatre fois en 2 Corinthiens 3.13,14,15,16 par rapport à Moïse qui mettait un voile sur son visage, par rapport au voile lorsque la lecture de l'Ancien Testament est faite, par rapport au voile qui est jeté sur le cœur, et par rapport à la conversion où le voile est ôté. Pas de rapport direct avec 1 Corinthiens 11.

L'argument de Paul est important car il quitte la sphère relationnelle humaine dans laquelle s'installe immanquablement une notion hiérarchique, pour montrer l'égalité des genres dans le Seigneur. Aucun pouvoir particulier n'est donné à l'homme sur la femme. Aucun droit de la gouverner, de la priver de sa liberté, de l'exploiter et de l'asservir. Pour les raisons développées plus haut, une femme ne se couvrant pas la tête pour prier ou prophétiser en public déshonorerait sa personne et aussi son mari, selon la lecture que l'on peut avoir du mot *kephalē*.

Attitudes de l'homme et de la femme, v. 7-12. Chacun a les mêmes droits et les mêmes devoirs dans une différence évidente, même si Paul affirme que l'homme est l'image et la gloire de Dieu alors que la femme est la gloire de l'homme (v. 7). Dans la Genèse (1.27), le mâle et la femelle sont à l'image de Dieu. L'égalité est attestée dès les premiers versets du récit de la création. Le mot gloire, *doxa*, ne signifie pas un simple reflet. L'homme qui est la gloire de Dieu, selon ce que dit Paul ici, est la créature qui se distingue des autres, telle que le psalmiste la définit lorsqu'il parle de l'être humain fait de peu inférieur à un dieu et couronné de gloire et de magnificence (Ps 8.6).

Lorsque Paul dit que l'homme est l'image et la gloire de Dieu et que la femme est la gloire de l'homme (v. 7), il ne signifie nullement que la femme n'a pas été créée à l'image de Dieu, sans quoi il contredirait le récit génésiaque et ce qu'il dit lui-même en 15.49 où il inclut l'homme et la femme dans son riche développement sur la résurrection : « De même que nous avons porté l'image de celui qui est fait de poussière, nous porterons aussi l'image du céleste ».

La gloire de l'homme, si tant est qu'elle puisse être une réalité, est occultée par la gloire de Dieu et, lors d'un service religieux, Dieu est le seul à être glorifié. Hooker l'a bien senti lorsqu'il écrit que la tête de la femme devrait être couverte « non parce qu'elle est en présence d'un homme, mais parce qu'elle est en présence de Dieu et de ses anges – et en leur présence la gloire de l'homme doit être cachée ».[155] « La femme est la gloire de l'homme » peut aussi signifier que, tirée du côté de l'homme, la femme se trouve dans une relation d'égalité avec l'homme, dans une parfaite harmonie.

---

[155] Morna Hooker, « Authority on Her Head : An examination of 1 Cor. 11:10 », *New Testament Studies* 10 (1964), p. 415.

Paul innove en montrant que l'antériorité de l'homme lors de la création n'a pas d'incidence sur son comportement envers la femme. La seule incidence qu'il pourrait y avoir serait l'amour qu'il lui doit. La femme peut, en effet, faire preuve d'autorité à condition qu'elle ait la tête couverte, et ce à cause des anges. Cette autorité (*exousia*) que la femme a sur la tête, son voile (v. 10), la rend apte à prendre la parole en public. Le terme *exousia* se traduit également par permission, droit, pouvoir, liberté d'agir. Le port du voile était une habilitation à la prise de parole en public, mais également une marque de dépendance respectueuse à l'égard du mari.

La femme obtient alors un réel pouvoir d'agir en toute liberté et en toute décence. Le texte de Paul (v. 10) ne dit pas que l'homme doit avoir sur la tête « une marque d'autorité dont elle dépend », sous-entendu son mari, comme c'est le cas dans certaines traductions. Il dit simplement qu'elle « doit avoir une autorité sur la tête » : *opheilei hē gynē exousian echein epi tēs kephalēs* – traduction littérale : « doit la femme une autorité avoir sur la tête ».

Il s'agit ici d'une véritable invitation aux femmes de l'Eglise de Corinthe de respecter les bonnes manières pour se faire entendre lorsqu'elles prient ou prophétisent. Pour Paul, l'anarchie n'est pas de mise, d'autant plus qu'il considère que Dieu n'est pas un Dieu de désordre mais un Dieu de paix (1Co 14.32). Il est difficile de savoir pourquoi Paul parle ici des anges (v. 10). Il est peut-être question des anges qui participent aux actes religieux des humains et qui portent leurs prières devant la face de Dieu (Ap 8.3).

Argument final, v. 13-15. Paul fait appel à la nature pour tenter d'apaiser les esprits et montrer que, traditionnellement, dans les milieux socioculturels et géographiques où vivent ses destinataires, la femme porte les cheveux longs et l'homme les cheveux courts. « Il recourt alors à un argument de convenance, prétendument fondé sur la nature et, en fait, typiquement culturel ».[156] En même temps il confirme la différence qu'il y a entre l'homme et la femme, mais la différence n'a jamais impliqué une quelconque infériorité ou supériorité de l'un par rapport à l'autre. Paul permet à la femme de prendre une part active aux rencontres cultuelles, ce

---

[156] Laure Aynard, *La Bible au féminin. De l'ancienne tradition à un christianisme hellénisé*, Paris, Cerf, 1990, p. 227.

qui est un progrès incontestable par rapport à ce qui se pratiquait dans le judaïsme. Il met aussi en évidence sa dignité par rapport à ce qu'elle était dans le monde païen.

Pour en finir avec son argumentation, Paul précise sa pensée en disant que la chevelure de la femme lui a été donnée comme voile, ou comme manteau. Il utilise le mot *peribolaion* (voile, manteau). Ce mot ne se rencontre que deux fois dans le Nouveau Testament ; ici et en Hébreux 1.12. La manière de se vêtir ou de se coiffer peuvent avoir des significations positives ou négatives. Le code vestimentaire peut devenir un langage, une forme d'expression. Paul insiste ici sur la différence entre un homme et une femme dans le contexte gréco-romain et en particulier corinthien. Les deux, l'homme et la femme peuvent officier à Corinthe à condition de respecter les convenances sociales afin de ne pas choquer au sein de la jeune Eglise.

Les règles de l'herméneutique nous apprennent qu'une tradition en vigueur dans une région à un moment donné de l'histoire n'est plus de mise dans une autre région et à un autre moment de l'histoire.

Ce qui distinguait les femmes dans la société des cités de l'époque devait les distinguer aussi dans la société religieuse. Nos sociétés ont changé, les femmes ont pris les places que les hommes leur avaient si longtemps refusées sans raison autre que leur besoin de domination. Il est temps de comprendre que le voile posé sur une tête féminine n'a plus de signification et que la femme a autant d'autorité que l'homme dans la société et dans l'Eglise, peu importe qu'elle ait des cheveux longs ou des cheveux courts, qu'elle porte un voile ou non.

Après avoir considéré ce passage de manière attentive, on se rend compte qu'il n'est pas en rapport avec une quelconque interdiction faite aux femmes d'assumer un rôle de direction dans l'Eglise, ni en rapport avec une quelconque vision d'un leadership masculin universel.[157]

1 Corinthiens 14.33-35 : « Que les femmes se taisent dans les Eglises ». Au chapitre 11 Paul autorisait les femmes à prier et prophétiser en public et maintenant, au chapitre 14, il semble qu'il ne les autorise même pas à parler en public. Dans les versets qui précèdent le verset 34, Paul a déjà demandé à deux

---

[157] Voir TOSC 76.

reprises à des hommes de garder le silence : tout d'abord à ceux qui parlent en langues alors qu'il n'y a pas d'interprète (v. 28) et, dans le cas où quelqu'un aurait une révélation, le premier qui parlait doit se taire à son tour (v. 30).

Le verbe qu'il emploie et que nous traduisons par « se taire » est le verbe *sigaō* qui signifie garder le silence, se tenir en paix, rester tranquille. Si nous donnons à ce verbe le sens de se taire, cela implique que la femme, par le simple fait qu'elle est femme, n'a aucune chance de prendre part aux responsabilités de la conduite d'une communauté, ni de parler dans les communautés qu'elle fréquente.

Le contexte dans lequel Paul fait cette déclaration est celui de l'ordre et du désordre dans les assemblées, et plus particulièrement dans les assemblées dans lesquelles le trouble est jeté à cause du parler en langues.

Pour tenter de comprendre ces mots de l'apôtre, il convient de se souvenir que les chapitres 12, 13 et 14 forment un tout. La mention des expériences spirituelles est abordée dès le début du chapitre 12. L'Église est ensuite comparée à un corps formé par les différents membres qui sont complémentaires. Par-dessus tout, il y a l'amour (chapitre 13), qui surpasse tout ce qui peut être dit et fait, qui est même plus grand que la foi et l'espérance (v. 13). Et Paul enchaîne par le chapitre 14 en suggérant de rechercher l'amour et de montrer du zèle quant aux expériences spirituelles (v. 1).

Dans un tel contexte, il n'est pas étonnant d'entendre Paul demander que tout se passe dans l'ordre, le calme et le silence, de la part des femmes aussi bien que des hommes. L'ordre, le silence et la bienséance lors des réunions publiques est l'affaire des hommes et des femmes.

Le contexte est bien différent de celui du chapitre 11, où l'apôtre autorise les femmes à prendre la parole en public à certaines conditions par respect des convenances sociales. Lorsqu'il dit (14.34) qu'il n'est pas permis aux femmes de parler (*laleō*), ce n'est certainement pas de la parole en tant que telle dont il s'agit, sans quoi cette injonction contredirait l'autorisation donnée au chapitre 11, mais plutôt du bruit que les discussions pourraient occasionner pendant les réunions et le culte. Sachant que dans cette culture et à cette époque, les femmes ne pouvaient pas prendre part aux discussions communautaires, Paul leur demande tout naturellement de s'abstenir de parler afin de ne pas déranger les orateurs. Comme pour le voile du chapitre 11, il ne s'agit pas de vouloir appliquer cette demande à toutes les circonstances, à tous les lieux et à toutes les époques.

Ces femmes sont probablement des femmes mariées avides de connaissances qui, n'ayant pu être instruites comme les hommes, ont néanmoins la possibilité de poser toutes les questions à leur mari à la maison. En attendant, il leur est demandé d'être soumises (*hypotassō*) comme la loi le demande. Nous avons quelque peine à saisir à quelle loi l'apôtre fait référence.

La soumission n'a rien d'humiliant ni d'avilissant en soi. Le Christ l'a été à Dieu (1Co 15.28) dans l'accomplissement de sa mission salvifique. Jésus reste maître de sa mission bien que soumis à Dieu. Jésus incarné n'était pas l'esclave de Dieu, mais bien le co-rédempteur. La soumission est ici l'expression d'une collaboration si étroite que la mission ne peut pas échouer. La soumission de l'un à l'autre ne fait apparaître aucune faille dans laquelle l'ennemi pourrait se glisser pour faire échouer l'entreprise. C'est aussi une manière de dire qu'il n'y a pas de place pour la guerre car la soumission ne peut engendrer que la paix. Là encore, il convient de replacer le mot dans son contexte car, suivant comment il est employé et selon les personnes qu'il désigne, il peut avoir une toute autre signification.

En parlant de la famille de Stéphanas qui s'est dévouée au service des saints (1Co 16.16), Paul écrit qu'il faut avoir de la « déférence (*hypotassō* – se soumettre) pour de tels hommes ». Avoir de la déférence ou être soumis à de tels hommes n'implique nullement de se faire commander, voir brutaliser par eux. Il s'agit bien ici de les respecter parce qu'ils sont respectables. C'est dans le but de « marcher dans l'amour, à l'exemple du Christ » (Ep 5.2) que l'apôtre demande aux membres de l'Église d'Éphèse de se soumettre (*hypotassō*) les uns aux autres. Il leur donnera comme exemple de respect mutuel la situation d'un couple qui s'aime, dans lequel la femme se soumet volontairement (*hypotassō*), a de la déférence, du respect pour son mari, lequel l'aime jusqu'à donner sa vie pour elle (Ep 5.22 et suivants).

Paul semble faire appel à une loi (1Co 14.34) qui exigerait le silence des femmes et la soumission à leur mari. Il est difficile, voire impossible de trouver un texte de loi (*nomos*) qui pourrait aller dans ce sens.

Ephésiens 5.22-33. Cette péricope nous introduit dans ce que l'on appelle les « codes domestiques » ou les « codes familiaux ». L'apôtre est en avance sur son temps et il innove par rapport aux pratiques des sociétés patriarcales de son époque. L'exhortation qu'il fait ne s'adresse pas aux femmes en général, mais aux femmes mariées. Le verbe *hypotassō*, se soumettre, est différent du verbe *hypakouō*, obéir.

En 5.22, il dit : « Les femmes [soyez soumises] à vos propres maris comme au Seigneur. » Le verbe se soumettre ne figure pas dans les plus anciens manuscrits et Paul n'a sans doute pas besoin de le répéter puisqu'il se trouve déjà employé au v. 21 lorsqu'il écrit aux membres de l'Eglise d'Ephèse : « Soumettez-vous les uns aux autres dans la crainte du Christ ». S'adressant d'abord aux épouses, l'apôtre réfère cette soumission au Christ. Mais il fera de même lorsqu'il demandera aux maris d'aimer leurs femmes (v. 28). C'est le Seigneur qui est la référence de la soumission des femmes à leur propres maris et de l'amour des maris envers leurs femmes.

Au v. 21, l'injonction « soumettez-vous les uns aux autres » n'est pas employée dans un contexte autoritaire. Paul emploie le verbe *hypotassō*. *Tassō* signifie mettre quelqu'un ou quelque chose à une place déterminée, ranger. Avec le préfixe *hypo*, à la voix moyenne, comme c'est le cas dans le passage qui nous occupe, l'expression signifie se soumettre [volontairement].[158] En écrivant cela à la voix moyenne, il met l'accent sur l'aspect volontaire de la soumission. Le moyen, en grec, s'emploie lorsque l'action est faite dans l'intérêt du sujet ou lorsque l'action est réfléchie. Le verbe *hypotassō* peut aussi contenir l'idée d'être fidèle à, être attentif aux besoins de, être un appui, être à la disposition de quelqu'un. Le verbe *hypotassō* exprime le désir volontaire de porter les fardeaux les uns des autres.

L'analogie est faite entre la soumission de l'épouse à l'époux et celle de l'Eglise au Christ. L'Eglise ne peut se soumettre au Christ que parce qu'il l'a aimée le premier. Ainsi la relation épouse-époux est conditionnée par l'attitude du mari à l'égard de sa femme. De même que l'Eglise n'est pas l'esclave du Christ, la femme n'est pas soumise à un maître qui a autorité sur elle.[159]

Le mari est présenté comme étant la tête, le chef (*kephalē*) de la femme comme le Christ est la tête (*kephalē*) de l'Eglise. Le Christ devient la référence absolue. En tant que chef aimant et protecteur, il est aimé de son Eglise. Le

---

[158] Voir les autres occurrences : 1Co 14.34 ; Ep 5.21,24 ; Col 3.18 ; Tt 2.5 ; 1P 3.1,5.

[159] Voir le développement de Chantal Reynier, « L'Épître aux Éphésiens », dans Chantal Reynier et Michel Trimaille (éd.), *Les épîtres de Paul*, vol. III, Paris/Outremont (Québec), Bayard/ Centurion/ Novalis, 1997, p. 63-65.

mari est le chef/tête de la femme non en ce sens qu'il lui est supérieur mais par analogie au Christ qui aime son Eglise jusqu'à donner sa vie pour elle.

Etre chef n'est pas obligatoirement être commandeur mais protecteur. Etre chef n'est pas subordonner mais respecter. Etre chef n'est pas avilir mais libérer.

Ainsi l'union de la femme à son mari est identique à l'union de l'Eglise au Christ. L'union au Christ est un acte volontaire et non un acte subi. Ainsi en est-il de la soumission de la femme à son mari. La femme ne peut être pleinement unie à son mari que parce que ce dernier la comble de son amour. Elle ne l'est pas par contrainte. Un mari malveillant ou maltraitant à l'endroit de son épouse ne peut revendiquer le fait que Paul a déclaré qu'il était le *kephalē* de sa femme pour justifier son attitude.

En Colossiens 1.18, Paul emploie trois termes pour qualifier le Christ : « Il est la tête (*kephalē*) du corps – qui est l'Eglise. Il est le commencement (*archē*), le premier-né (*prōtotokos*) d'entre les morts. » En tant que commencement, il est aussi principe de création (voir Ap 3.14). Il est la puissance absolue à l'origine de tout, y compris de la résurrection. Cette puissance le qualifie pour être le *kephalē* de son Eglise, mais le mot *archē* n'est pas employé pour qualifier sa position par rapport à l'Eglise. Il en est de même pour l'expression que Paul emploie pour qualifier les relations mari-épouse ; le mari est bien le *kephalē* mais non pas l'*archē*. Le mari n'est pas le géniteur, encore moins le créateur de son épouse, ni la force dominante de cette dernière ; il en est le protecteur aimant, capable de donner sa vie pour elle, comme le Christ l'a fait pour son Eglise.

Au v. 25, Paul demande aux maris d'aimer leurs femmes. Comme le Christ s'est donné tout entier pour sauver son Eglise, ainsi le mari est appelé à tout faire pour rendre son épouse heureuse et épanouie.

Paul ne demande pas seulement aux maris d'aimer leurs femmes, mais il leur indique qu'il s'agit bien d'un devoir (*opheilō* v. 28).

Dans toute situation d'amour il y a réciprocité. L'amour premier du Christ pour son Eglise invite cette dernière à le lui rendre.

Le TOSC[160] donne une belle image de ce que pourrait être la soumission :

> « Les maris doivent imiter l'amour du Christ en tant que 'Sauveur' de l'Eglise. Le mari doit aimer, nourrir et chérir sa femme, tout comme

---

[160] TOSC 74.

le Christ s'est 'donné lui-même' pour l'Eglise (v. 25,28). Dans le mariage, l'amour est la forme ultime de la soumission ».

1 Timothée 2.9-13. L'Eglise d'Ephèse est en situation difficile et l'apôtre donne des conseils à Timothée concernant le culte, les responsables, les relations entre personnes... Mais il semble qu'il y ait un problème concernant la tenue vestimentaire extravagante de certaines femmes.

L'exégèse doit nous permettre de comprendre le message de Paul pour son temps et la démarche herméneutique doit nous amener à des prises de position pour notre temps.

Paul explique à Timothée comment « il faut se conduire dans la maison de Dieu » (3.15). Il souligne les méthodes à utiliser pour l'enseignement (4.11,16 ; 6.2). Il insiste sur la mise en application des Ecritures et sur l'encouragement (4.13) ainsi que sur la manière de diriger le culte public (2.1-12). Et enfin, il insiste sur la manière de choisir ses collaborateurs (3.1-13 ; 5.19-25) sachant que de faux enseignements sont proférés (6.3-4).

Ce que Paul veut, ce sont des hommes honnêtes, capables de prier en tout lieu avec des mains saintes, et qui fassent preuve de retenue. Pour lui, la prière est l'expression d'un comportement intérieur qui doit être en adéquation avec ce qui se voit à l'extérieur. Les mains saintes que Paul demande d'élever sont l'expression d'une vie de paix et d'harmonie ; il s'agit de l'élément positif souligné plus haut. Quant à la colère et aux discussions, faiseuses de trouble et de désordre, élément négatif, Paul demande à ce qu'elles soient bannies.

C'est alors qu'il en vient à s'exprimer sur la femme comme il s'est exprimé sur l'homme : il souhaite que les femmes se parent d'œuvres bonnes. Il aura dénoncé, avant cela, des parures qu'il considère ne pas avoir leur place dans la communauté : les tresses, l'or, les perles et les toilettes somptueuses. Le contexte est bien délimité, tant pour les hommes que pour les femmes ; il s'agit de la prière.

Les tresses, v. 9. La femme est appelée à se vêtir avec décence (*kosmios*, bien arrangé, convenable, honorable), pudeur (*aidōs* décence, respect) et discrétion (*sōphrosynē*, bon sens, modération, mesure, maîtrise de soi).

Il est très difficile de savoir à quoi il fait vraiment allusion lorsqu'il interdit les tresses. Le seul indice qui pourrait nous aider à comprendre la raison pour laquelle l'apôtre n'est pas d'accord avec le port des tresses se trouve dans l'un des nombreux textes apocryphes chrétiens, l'*Apocalypse de Pierre* (7.6), texte écrit au IIe siècle. Selon la pensée gnostique qui a fortement influencé la rédaction de ce texte, les femmes qui portaient des tresses (cheveux ou ornement) étaient des femmes qui forniquaient. Le mot tresse, *plegma*, peut aussi bien désigner un objet tressé qu'une tresse de cheveux ou une guirlande.

L'*Apocalypse de Pierre* décrit les peines de l'enfer réservées à celles et ceux dont la conduite n'a pas été bonne. A chaque péché correspondent la ou les peines qui tourmenteront les damnés pour l'éternité. Les chapitres 7 à 12 traitent des châtiments infernaux. Les femmes qui auront porté des tresses seront punies d'un châtiment sévère car elles étaient des prostituées.

La notion de beauté varie en fonction de la culture. La littérature grecque associe volontiers la beauté non seulement au physique de la femme mais aussi et surtout à la manière de se maquiller et d'orner ses cheveux.[161] C'était aussi une manière d'établir son autorité sur l'homme. La parure extérieure pouvait être vue comme un signe d'infidélité sexuelle ou comme une extravagance matérialiste qui s'opposait à une qualité morale.

Ce que Paul veut, c'est que les femmes de la communauté chrétienne soient belles intérieurement, et pour cela elles doivent se parer, se préparer, se décorer (*kosmeō*) d'une beauté intérieure plus que d'une simple apparence éphémère qui n'attire que le regard et pousse à la jouissance sexuelle. Cette beauté intérieure doit être en adéquation avec ce qu'elles professent.

L'interdiction à la femme d'enseigner (v. 11,12). Le texte qui nous occupe est le seul de la Bible qui demande, de manière explicite, aux femmes de s'abstenir d'enseigner. Paul à lui seul demanderait-il à la moitié des membres qui constituent le corps du Christ de ne pas enseigner et ce de manière universelle et définitive ? Il nous semble plutôt que ce texte doit, comme tous les autres, être replacé dans son contexte historique et qu'un seul texte à portée culturelle peut difficilement s'appliquer en toute circonstance et en tout lieu. « Les femmes à Ephèse [précise le TOSC] n'étaient pas aptes à enseigner

---

[161] Voir Craig S. Keener, *Paul, Women and Wives. Marriage and Women's Ministry in the Letters of Paul*, Peabody, Hendrickson Publishers, 2004, p. 103-105.

non pas parce qu'elles étaient femmes, mais parce qu'elles avaient été ou étaient tentées par de faux enseignements ».[162]

Voilà encore une de ces déclarations qui ravissent certains hommes avides d'autorité et qui prétendent être les détenteurs de la science qu'ils peuvent distiller à leur guise à la femme soumise. C'est raté ! Une fois de plus, le contexte nous aide à comprendre une déclaration aussi tranchante que celle-ci. Paul révolutionne la société religieuse : la femme chrétienne a droit à l'instruction. Il y va pas à pas, connaissant parfaitement les droits et les devoirs des citoyens des cités qu'il fréquente. L'apôtre emploie ici le verbe *manthanō* qui veut dire étudier, s'instruire, apprendre, mais aussi apprendre à faire quelque chose. Il les invite donc à apprendre de manière intellectuelle puis à mettre en pratique ce qu'elles auront appris.

A cette instruction qu'il ne leur est pas permis d'acquérir publiquement, elles ne peuvent y accéder que dans le silence, la soumission et la tranquillité. Le sens premier du mot *hēsychia* traduit souvent par silence, est paisiblement, tranquillement, dans le calme.[163] Paul souhaite que le calme règne afin que la vie soit plus paisible.

Cet apprentissage dans le calme doit être vécu dans une entière soumission, *hypotagē*. Soumission à qui, à quoi ? A l'homme bien sûr, nous répondra celui qui est en mal d'autorité ; la femme doit toujours être soumise à l'homme ! Eh bien, n'en déplaise à celui qui a cette prétention, le texte reste muet quant à l'autorité à laquelle la femme chrétienne d'Ephèse doit être soumise.

Dans le verset 11, il est dit « que la femme s'instruise en silence, avec une entière soumission ». Dans ce cas la soumission semble tout naturellement être due à Jésus-Christ, duquel ces femmes sont appelées à témoigner. L'apprentissage des femmes nouvellement converties à l'Evangile doit donc se faire dans le calme, la tranquillité d'esprit et la soumission à celui qui a été le déclencheur de leur conversion. Il ne s'agit donc pas d'une soumission à un mari, à un homme quelconque, ni même à l'un des responsables d'une communauté.

Il semble que la femme ait maintenant droit à l'instruction mais pas à l'enseignement ; elle a des devoirs mais peu de droits (v. 12) : « Je ne permets

---

[162] TOSC 77.

[163] A ceux des Thessaloniciens qui ne veulent pas travailler et qui vivent dans le désordre, Paul conseille de travailler avec calme, paisiblement (*meta hēsychias*) (2Th 3.12).

pas à la femme d'enseigner, ni de dominer l'homme ; qu'elle demeure dans le silence ». Cette petite phrase lapidaire semble donner des arguments à ceux des hommes qui veulent délibérément tenir la femme à l'écart de tout engagement dans le ministère pastoral. Mais en fait, il en va tout autrement quand on considère attentivement ce que Paul dit des femmes dans la finale de son Epître aux Romains.

La phrase en 1 Timothée 2.12 est complexe et mérite explication. Sa traduction littérale serait : « Mais d'enseigner pour une femme je ne le permets pas ni de prendre autorité sur un homme. » L'infinitif présent du verbe enseigner, *didaskō*, indique une action continue. Il s'agit d'une expression indéfinie. On ne sait qui enseigne qui, ni ce que la femme ne doit pas enseigner.

« Je ne permets pas », *epitrepō*. Le verbe est au présent. Il n'y a pas d'indication de durée, ce qui pourrait bien indiquer que l'ordre s'applique au moment où la parole est prononcée ou que le texte est écrit, sans pour autant se prolonger dans le temps. Que pourrait enseigner celle qui n'est pas instruite, celle qui n'a pas droit à l'instruction ? L'enseignement est un art difficile qui demande, en amont, une instruction solide et cohérente que les femmes de cette époque n'ont pas reçue. Mais une fois instruites, ne pourraient-elles toujours pas enseigner à cause du simple fait qu'elles sont femmes ? Certainement pas. Une fois instruite, la femme a les mêmes droits à l'enseignement que l'homme.

Quant au verbe « prendre autorité sur, dominer », *authenteō* il s'agit d'un hapax. Il n'est donc pas possible de comparer cette utilisation avec d'autres passages du Nouveau Testament. La littérature grecque ne nous aide pas non plus concernant la forme et la traduction de ce terme. L'étymologie n'est pas facile à définir avec précision. Il ressort des différentes études de ce terme que son sens était lié, au Ier siècle apr. J.C., à une action répréhensible : mauvaise influence, invitation à commettre un crime. Dans le passage qui nous occupe, le verbe *authenteō* ne signifierait pas d'abord occuper une position supérieure, une position d'autorité, mais accomplir des actions indépendantes (de celle de l'homme).[164] Paul demande une attitude respectueuse

---

[164] Voir l'étude de Nancy Jean Vyhmeister, « Proper Church Behavior in 1 Timothy 2:8-15 », dans *Women in Ministry*, p. 345. Voir aussi le développement de Leland Edward Wilshire, « The TLG Computer and Further Reference to ΑΥΘΕΝΤΕΩ in 1 Timothy 2.12 », *New Testament Studies* 34 (1988), p. 120-134.

dans un contexte de désordre éphésien. Les femmes qui voulaient prendre autorité sur les hommes ne le faisaient certainement pas de manière positive ni légitime.[165]

Quant au silence (*hēsychia*) que Paul impose à la femme, ce n'est pas le mutisme. Ce mot est employé plusieurs fois dans le Nouveau Testament pour signifier le calme, la tranquillité.[166] Le calme, la tranquillité et l'harmonie sont nécessaires au bon développement de la communauté d'Ephèse comme ils le sont au développement du couple.

Certainement que l'apôtre Paul interdit à la femme d'enseigner dans le contexte dans lequel la communauté éphésienne se développe. Elle doit en premier lieu se soumettre à l'enseignement de l'Evangile. Paul ne veut pas non plus de femmes violentes, capables d'initier des actions néfastes.

---

[165] Voir le développement d'Anne-Laure Danet, « 1 Timothée 2.8-15 et le ministère pastoral féminin », *Hokhma* 44 (1990), p. 37, 38.

[166] Voir 1Tm 2.11 ; 2Th 3.11,12 : « Or nous apprenons que certains d'entre vous vivent dans l'indiscipline et qu'au lieu d'agir ils s'agitent. Nous enjoignons à de telles gens – nous les y encourageons dans le Seigneur Jésus-Christ – de travailler paisiblement et de manger leur propre pain. » L'adverbe « paisiblement » est un terme de la même racine que celui généralement traduit par « silence » dans 1Tm 2.11,12. C'est aussi le cas dans 1Tm 2.1,2 : « J'encourage donc, en tout premier lieu, à faire des requêtes, des prières, des supplications et des actions de grâces pour tous les humains, pour les rois et pour tous ceux qui occupent une position d'autorité, afin que nous menions une vie paisible et tranquille, en toute piété et en toute dignité ».

Consécration, imposition des mains et présentation à Dieu

Après la Conférence générale d'Utrecht en 1995, Alden Thompson, spécialiste de la question de l'inspiration, écrivait dans la revue *Ministry* d'octobre 1997 :

> « Je crois que nous nous sommes perdus en nous concentrant sur la consécration des femmes plutôt que sur la question de la consécration elle-même. [...] Nous devons nous demander ce que la Bible enseigne concernant la consécration elle-même ».[167]

Le constat est fait à nouveau que depuis le temps qu'on en parle, notre Eglise n'a toujours pas de théologie de la consécration clairement définie. L'hébreu de l'Ancien Testament ou le grec du Nouveau ne contiennent pas le mot « consécration » dans le sens que nous l'entendons pour une diaconie ecclésiale. Dans le langage contemporain, les anglophones utilisent le terme « *ordination* » alors que les francophones emploient le mot « consécration ». Quel sont les sens de ces mots ?

Ordination

Selon le Gaffiot, *ordinatio* (lat.) signifie « action de mettre en ordre, ordonnance, disposition, arrangement ». Selon le *Catéchisme de l'Eglise catholique*[168],

> « L'Ordre est le sacrement grâce auquel la mission confiée par le Christ à ses apôtres continue à être exercée dans l'Eglise jusqu'à la fin

---

[167] Alden Thompson, « Utrecht : A 'Providential' Detour ? », *Ministry*, octobre 1997, p. 19.
[168] *Catéchisme de l'Eglise catholique*, Paris, Mame/Plon, 1992, (1536), p. 327.

des temps : il est donc le sacrement du ministère apostolique. Il comporte trois degrés : l'épiscopat, le presbytérat et le diaconat ».

Le texte continue en précisant que[169] :

« Aujourd'hui le mot *ordinatio* est réservé à l'acte sacramentel qui intègre dans l'ordre des évêques, des presbytres et des diacres et qui va au-delà d'une simple *élection, désignation, délégation* ou *institution* par la communauté, car elle confère un don du Saint-Esprit permettant d'exercer un 'pouvoir sacré (*sacra potestas*) qui ne peut venir que du Christ Lui-même, par son Eglise. L'ordination est aussi appelée *consecratio* car elle est une mise à part et une investiture par le Christ Lui-même. *L'imposition des mains* de l'évêque, avec la prière consécratoire, constitue le signe visible de cette consécration ».

L'évêque est ainsi placé au-dessus des prêtres et des diacres. La hiérarchisation est bien évidente. Alors que le Nouveau Testament établit des « services », l'Eglise de Rome établit une hiérarchie.

Consécration

Dans l'Ancien Testament le terme *hâram* traduit par détruire, confisquer, exterminer, consacrer (Mi 4.13), exprime l'idée de vouer à Dieu.[170] La Septante traduit ce mot par le verbe grec *anathematizō* qui veut dire « mettre quelqu'un sous une malédiction »[171] donner un objet ou une personne à Dieu en le soustrayant à tout autre dieu (butin de guerre, objets, vêtements du culte, animaux sacrifiés, prêtres, prophètes...).

Dans le Nouveau Testament le verbe grec *anathematizō* exprime l'idée d'un engagement par serment solennel comme dans Actes 23.14 : « Nous nous sommes engagés (*anathematizō*), sous peine d'anathème, à ne rien

---

[169] *Catéchisme de l'Eglise catholique*, Paris, Mame/Plon, 1992, (1536), p. 328.
[170] Strong 02763.
[171] BDAG 63.

manger avant d'avoir tué Paul ». Dans les quatre occurrences de ce verbe (Mc 14.71 ; Ac 23.12,14,21), on ne trouve pas l'idée de consécration à un ministère.

Le verbe grec *anathematizō* et sa traduction latine *consecrare* ne sont utilisés ni dans les textes grecs du Nouveau Testament, ni dans les traductions latines de ces mêmes textes pour parler des personnes mises à part pour exercer un ministère particulier dans l'Eglise chrétienne.

Imposition des mains

Dans l'Ancien Testament, poser la main sur la tête de quelqu'un (imposer les mains), c'est lui transmettre son pouvoir (Gn 48.14). Dans le cas d'un condamné à mort, c'est l'expression de la réprobation collective (Lv 24.14). Dans les services du sanctuaire, c'est ainsi que l'on chargeait le bouc des péchés du peuple avant de le perdre dans le désert (Lv 16.18). C'est aussi ce geste qui est utilisé pour transmettre la guérison à un malade (2R 4.34). C'est également ce geste qui est fait dans le cas de la transmission d'un ministère (Nb 27.18ss ; Dt 34.9).

Dans l'Ancien Testament, mis à part l'imposition des mains pour des bénédictions, des sacrifices ou des lapidations, on ne trouve que deux exemples qui pourraient être mis en parallèle avec la mise à part pour une mission que l'on rencontre dans le Nouveau Testament. Le premier est en rapport avec la mise à part des Lévites (Nb 8.10) et le deuxième lors de la désignation de Josué comme successeur de Moïse (Nb 27.23). A ce sujet, le TOSC[172] précise que

> « Les deux exemples utilisent l'expression hébraïque *samak yad* (littéralement, 'presser la/les main/s sur'). Les Lévites étaient appelés à accomplir un service sacerdotal spécial en faveur du peuple. La cérémonie d'imposition des mains impliquait toute la congrégation d'Israël et n'était accomplie qu'une seule fois lors de l'inauguration de leur service (Nb 8.10). Il n'existe aucune preuve biblique que les générations successives des Lévites étaient consacrés ni que cet événement devait se répéter. Il s'agissait d'un fait unique ».

---

[172] TOSC 83.

Lors de l'installation de Josué à la tête du peuple en remplacement de Moïse,

> « L'imposition des mains était une confirmation de la présence du Saint
> Esprit qui accorde la sagesse pour la direction, et une reconnaissance
> de la capacité de Josué à conduire la nation d'Israël avec la réception de
> l'autorité pour le faire. Il s'agissait aussi d'un événement unique parce
> qu'avant la période des rois aucun autre chef n'était oint ».[173]

Dans le Nouveau Testament, imposer les mains à quelqu'un revient à lui redonner la santé ou la vie (Mt 9.18). Par contre dans le texte de Jacques 5.13-15 qui traite de la prière pour le malade, le syntagme *imposition des mains* ne figure pas alors que dans notre langage ecclésial nous parlons volontiers d'imposition des mains lorsque nous faisons allusion à ce geste.

Imposer les mains à quelqu'un, c'est prier pour lui et avec lui, comme Jésus le fit avec les petits enfants (Mt 19.13-15). C'est de cette manière qu'une charge est confirmée, que la transmission d'un ministère, ou l'envoi en mission sont signifiés.

Les apôtres ont imposé les mains aux sept hommes chargés de servir aux tables des veuves des Hellénistes (Ac 6.6). Parmi ces serveurs, Etienne était connu comme un prédicateur impressionnant qui faisait aussi des miracles (Ac 6.8). Quant à Philippe, il était appelé l'évangéliste et ses quatre filles étaient prophétesses (Ac 21.8-9). Il n'est pas fait mention d'une imposition des mains pour reconnaître son ministère évangélique, mais ce geste a eu lieu lorsqu'on lui a demandé de servir aux tables.

Ananias impose les mains à Paul pour qu'il recouvre la vue et qu'il soit plein de l'Esprit (Ac 9.17). Paul est au bénéfice d'une deuxième imposition des mains avant son départ pour Chypre (Ac 13.3). Les docteurs (*didaskalos*, maître, enseignant) de l'Eglise d'Antioche semblent participer à cette nouvelle imposition des mains à Paul.

A trois reprises les Pastorales mentionnent l'expression « imposition des mains » : il s'agit d'un rappel de ce geste à Timothée (1Tm 4.14), d'un conseil donné à Timothée concernant ce geste : le faire après réflexion (1Tm 5.22), et à nouveau d'un rappel de ce geste à Timothée (2Tm 1.6).

---

[173] TOSC 83.

Une mention de cette expression est faite en Hébreux 6.2. Le geste de l'imposition des mains semble ne pas avoir été pratiqué partout et à toutes les époques. Il n'a pas non plus une signification unique.

Le syntagme *imposer les mains* (le verbe « imposer, appliquer » [*epitithēmi*] + les mains [*tas cheiras*]) est employé à vingt reprises. Douze fois par rapport à la guérison (Mt 9.18 ; Mc 5.23 ; 6.5 ; 7.32 ; 8.23,25 ; 16.18 ; Lc 4.40 ; 13.13 ; Ac 19.12,17 ; 28.8) ; deux fois concernant la bénédiction d'enfants (Mt 19.13,15) ; trois fois pour demander le Saint-Esprit (Ac 8.17,19 ; 19.6) ; une fois concernant la mise en place des sept hommes préposés au service des veuves des Hellénistes (Ac 6.6) ; une fois pour la mise à part de Barnabas et Paul parmi les prophètes et les hommes chargés d'enseignement qui étaient à Antioche (Ac 13.3) ; une fois concernant le conseil donné à Timothée de ne pas imposer les mains trop rapidement (1Tm 5.22).

Le syntagme *imposition des mains* (le substantif « imposition » [*epithesis*] + les mains [*tas cheiras*]) est employé à quatre reprises. Une fois en rapport avec le Saint-Esprit (Ac 8.18) ; deux fois concernant le rappel de l'imposition des mains à Timothée (1Tm 4.14 ; 2Tm 1.6) ; une fois comme allusion à la pratique (Hé 6.2).

Aucun texte mentionnant la pratique de l'imposition des mains ne met en évidence la réception d'un don que la personne n'ait déjà reçu. Dans le cas des Sept, ils étaient déjà « pleins d'Esprit et de sagesse » (Ac 6.3). L'imposition des mains ne leur a pas été donnée pour qu'ils reçoivent une force supplémentaire et mystérieuse, mais c'est en reconnaissance de cette force spéciale qu'ils ont été choisis. L'imposition des mains leur a donc été donnée parce que l'assemblée avait reconnu leur valeur spirituelle. Il ne s'agit pas d'un acte sacramentel, mais bien d'un acte de reconnaissance. Il en va de même pour la situation de Paul et Barnabas pour qui le fait d'avoir été au bénéfice de l'imposition des mains n'a rien changé, ni dans leur personne, ni dans leur mission. Dans l'Eglise d'Antioche il y avait des prophètes et des maîtres et parmi eux se trouvaient Barnabas et Saul que l'Esprit saint a demandé de mettre à part (*aphorizō*).[174] L'appel (*parakaleō*, v. 2) est fait par l'Esprit et les humains concrétisent par le jeûne, la prière et l'imposition des mains.

---

[174] Strong 873: « se démarquer des autres, séparer, mettre à part ».

Présentation à Dieu

En ce qui concerne les anciens, la procédure est différente. Après la prière et le jeûne, ils ont été présentés, confiés au Seigneur. C'est alors le verbe *paratithēmi* qui est employé et qui veut dire offrir, présenter, mettre sous la garde de, confier. Le syntagme *imposer les mains* ou *imposition des mains* est absent. Actes 14.23 dit : « Ils leur désignèrent (*cheirotoneō*) des anciens dans chaque Eglise et, après avoir prié et jeûné, ils les confièrent (*paratithēmi*) au Seigneur en qui ils avaient mis leur foi ». Ce même verbe est utilisé par Luc (23.46) lorsqu'il rapporte les paroles de Jésus alors qu'il expire sur la croix : « Jésus cria : Père, *je remets (paratithēmi) mon esprit entre tes mains* ».

Après avoir rencontré les anciens d'Ephèse à Milet (Ac 20.28), Paul leur dit (Ac 20.32) : « Et maintenant, je vous remets (*paratithēmi*) à Dieu et à sa parole de grâce, qui a la puissance de bâtir l'édifice et d'assurer l'héritage à tous les sanctifiés ». Le verbe *paratithēmi* signifie présenter, confier, remettre.[175]

Lorsque Paul charge Tite d'organiser l'Eglise en Crète il lui demande d'établir (*kathistēmi*) des anciens dans chaque ville (Tt 1.5). Le verbe *kathistēmi* signifie établir, confier, charger.[176] Mais ces épisodes ne mentionnent pas une imposition des mains.

Après la prière et le jeûne, les anciens sont confiés (*paratithēmi*) au Seigneur (Ac 14.23). La prière et le jeûne, qui peut durer plusieurs jours, précèdent la remise des anciens entre les mains du Seigneur. Rien ne nous est dit de la manière dont ce placement entre les mains du Seigneur est accompli.

Il n'est rien dit au sujet des épiscopes/évêques si ce n'est que les anciens ont été établis (*tithēmi*) épiscopes par le Saint-Esprit pour paître l'Eglise de Dieu (Ac 20.28). Il n'est rien dit non plus à propos des pasteurs et docteurs d'Ephésiens 4.11.

---

[175] Strong 3908.
[176] Strong 2525.

Raoul Dederen et la théologie de la consécration

Ce qui pose problème dans tout débat c'est la définition et la compréhension de l'objet débattu. Dans le cas qui nous occupe, comment définir et comment comprendre la notion de consécration ? En fonction de la compréhension de cet objet d'étude, les positions varient concernant le rôle de la femme dans l'Eglise. Mais avant de débattre de la question de la consécration de la femme, il convient de comprendre ce que la Bible dit de la consécration. La réflexion n'est pas nouvelle car déjà en 1978, l'un des plus grands théologiens de l'Eglise adventiste, Raoul Dederen, écrivait dans son article « A Theology of Ordination » publié dans la revue *Ministry* de février 1978 : « Nous n'avons pas de doctrine élaborée de la consécration au ministère ».[177] Le constat est fait et Dederen a raison. Le problème est que, près de 50 ans après ce constat, nous n'avons toujours pas élaboré une théologie de la consécration.

Il faut reconnaître qu'aujourd'hui encore l'étude de Dederen sur la nature de l'Eglise est l'une des meilleures et des mieux documentées.[178]

Bien avant nos débats d'aujourd'hui sur la consécration des femmes, Dederen écrivait déjà en 1978[179] :

> « Cette vocation chrétienne, cette vie dans la communion du Christ en vue du salut de l'humanité ne peut – du point de vue biblique – être assimilée à aucun « clergé » ou groupe professionnel. [...] Le mot *klēros* du Nouveau Testament, duquel notre mot français (anglais) *clergé* est dérivé, n'est pas employé pour faire référence à un groupe particulier parmi les chrétiens, mais pour faire référence à *tous*. De même, le mot « laïc » (*laos*) ne fait pas référence à une partie réceptrice de la

---

[177] Raoul Dederen, « A Theology of Ordination », p. 24M.

[178] Voir entre autres l'article qui résume sa pensée, Raoul Dederen, « Nature of the Church », *Ministry*, février 1978, p. 24B-24F. Pour une étude plus complète, voir le chapitre de Raoul Dederen, « The Church » dans le *Handbook of Seventh-day Adventist Theology*, p. 538-581.

[179] Raoul Dederen, « A Theology of Ordination », p. 24K-24L.

congrégation chrétienne, mais à nouveau, à tous les chrétiens. Bien que cela paraisse étrange, les deux mots définissent les mêmes personnes, et non des personnes différentes. Elles sont toutes appelées à un service et sont le peuple de Dieu ».

Le mot *klēros*[180] se trouve en 1 Pierre 5.3 lorsque l'apôtre encourage les anciens dans leur ministère :

> « Faites paître le troupeau de Dieu qui est chez vous ; veillez sur lui, non pas par contrainte, mais volontairement, selon Dieu ; non pas pour des gains honteux, mais avec ardeur ; non pas en dominant comme des seigneurs sur ceux qui vous ont été confiés [*tōn klērōn*], mais en étant des modèles pour le troupeau ».

Dederen écrit que « La vie chrétienne, alors, est par définition un sacerdoce, un ministère accompli en réponse à l'appel de Dieu adressé à tous les pécheurs ».[181]

> « Ainsi, [dit Dederen] le pastorat n'est pas un ordre d'hommes religieusement différents de ceux qui sont appelés soi-disant de simples « laïcs ». Ce n'est même pas un groupe particuliers de personnes. Le pastorat est une fonction de toute l'Eglise distribuée parmi ses membres selon que Dieu a donné à chacun des appels divers et des dons et capacités correspondants. Ce n'est pas un groupe d'officiants [*officers*] d'Eglise ».[182]

Dederen aborde également la question des appels à un ministère particulier. Il considère que l'Eglise reconnaît que certaines personnes sont appelées à un ministère particulier. Il formule la démarche de la manière suivante.

---

[180] « Ce qui est attribué par tirage au sort ou simplement donné sous forme de portion ou de part », BDAG 548.
[181] Raoul Dederen, « A Theology of Ordination », p. 24L.
[182] *Ibid.*

« Dieu appelle personnellement certains membres d'Eglise pour se charger de l'un des ministères que l'Eglise a reconnus comme étant nécessaires à son existence et à son travail. Cela signifie que l'appel au ministère n'est que partiellement un appel de l'Eglise. C'est aussi et d'abord un appel intérieur, une assurance intérieure de la part de l'individu que c'est la volonté de Dieu qu'il se rende utile dans le rôle auquel l'Eglise l'a appelé. Un tel ministère est conféré et sanctionné par une ordination ou une consécration. [...]

Il est vrai qu'il n'existe aucune description formelle d'un service de consécration dans le Nouveau Testament. [...]

On peut parler de consécration comme d'une mise à part par l'Eglise d'une personne que Dieu a appelée. L'Eglise ne peut pas appeler le ministre à l'existence, mais elle est l'autorité qui peut confirmer le fait qu'il a été appelé et peut donner une reconnaissance officielle au don que Dieu lui a accordé. Cette mise à part ne vise pas à un statut supérieur, *au-dessus* du reste de l'Eglise, mais plutôt à un service *au sein* de l'Eglise. La consécration n'a pas pour but de créer des catégories de chrétiens ou des niveaux de disciplulats ».[183]

Dans la suite de son article, Dederen considère la question de l'organisation ecclésiale et de la consécration au ministère, et il dit :

« Le mode de gouvernement de l'Eglise nous a donc été livré dans les Ecritures. Pourtant, s'il est vrai que le Nouveau Testament a beaucoup à nous dire sur le ministère qui est normatif pour tous les temps, il semble tout aussi évident qu'en matière d'organisation, Dieu n'avait guère l'intention de nous dire ce qui doit être fait dans chaque cas spécifique. En plus des pasteurs, des anciens et des diacres auxquels nous venons de faire référence, nous lisons également dans le Nouveau Testament des apôtres, des prophètes, des évangélistes, des guérisseurs, des administrateurs, des orateurs en diverses langues et

---

[183] Raoul Dederen, « A Theology of Ordination », p. 24L.

quelques autres encore. Paul décrit la tâche des bénéficiaires de ces dons comme étant 'afin de former les saints pour l'œuvre du ministère, pour la construction du corps du Christ' (Ep 4.12). Il est évident que la proclamation de l'Evangile, le service chrétien au monde et l'édification de la communauté requièrent une variété d'activités, à la fois permanentes et provisoires, spontanées et institutionnelles ».[184]

Dederen reconnaît que les fonctions de pasteur, ancien et diacre doivent être accomplies en permanence si l'Eglise veut croître et être protégée. Il dit :

« Je crois cependant que nous avons reçu dans les Ecritures des modèles généraux d'ordre et d'organisation. En matière d'organisation et d'ordre, la volonté de Dieu n'était pas de prescrire des détails. Cela fait plutôt partie intégrante et contextuelle de notre réponse à l'appel de Dieu. L'organisation, telle que nous l'avons comprise et vécue dans l'histoire adventiste, est intrinsèque à notre obligation de réflexion théologique alors que nous nous trouvons ici et maintenant, sous la Parole de Dieu, vis-à-vis de la tâche qui nous est confiée, l'œuvre du ministère ».[185]

Dederen souligne le fait que progressivement l'Eglise a reconnu divers ministères qui sont des ajouts aux ministères mentionnés dans le Nouveau Testament.

« Depuis un certain temps maintenant, sous le pression des besoins, mais je crois aussi sous l'impulsion de l'Esprit, nous, en tant qu'Eglise, sommes arrivés à reconnaître et à instituer d'autres ministères, c'est-à-dire des ministères autres que ceux de pasteur, d'ancien et de diacre. Progressivement, on a reconnu des fonctions telles que ministre d'administration, trésorier, vérificateur, sans oublier le ministère médical. D'une part, de nouveaux besoins sont apparus et, d'autre part, des hommes et des femmes ont entendu l'appel de Dieu à consacrer

---

[184] Raoul Dederen, « A Theology of Ordination », p. 24M.
[185] *Ibid.*

leur vie au service de l'Eglise pour exercer un ministère différent, mais complémentaire, par exemple, du ministère strictement pastoral ».[186]

Dans la suite de son article, Dederen pose la question de savoir ce qu'est la consécration.

> « Mais qu'est-ce donc que la consécration ? Je veux dire, qu'est-ce que la consécration pour l'Eglise adventiste du septième jour ? Nous sommes probablement au clair sur le fait que nous n'avons pas de doctrine élaborée concernant la consécration au ministère. Alors que les catholiques romains [Dederen était un ancien catholique] ont formulé dans une doctrine claire et cohérente le sens et la portée de l'ordination de leur Eglise, nous n'avons rien de semblable dans nos documents officiels ».[187]

Pour Dederen, Ellen White donne une définition intéressante de la consécration lorsqu'elle dit dans le livre *The Acts of the Apostles* que

> « Paul et Barnabas avaient déjà reçu de Dieu lui-même leur mission, et la cérémonie de l'imposition des mains n'a ajouté aucune grâce nouvelle ou une capacité particulière. C'était une forme reconnue de désignation à une fonction spécifique et une reconnaissance de l'autorité de quelqu'un dans cette fonction ».[188]

La question qui se pose est de savoir si la consécration confère quelque chose de particulier à celui qui en est le bénéficiaire. Dederen précise que « Le Nouveau Testament ne donne aucune indication d'une consécration qui accorde des dons spirituels ou officiels qui sont autrement impossibles à obtenir ».[189] Il résume ainsi le concept de consécration dans l'Eglise adventiste :

---

[186] Raoul Dederen, « A Theology of Ordination », p. 24M.

[187] *Ibid.*

[188] Ellen G. White, *The Acts of the Apostles, In the Proclamation of the Gospel of Jesus Christ*, Mountain View, CA, Pacific Press Publishing Association, 1911, p. 161-162. En français, *Conquérants pacifiques*, Dammarie les Lys, Vie et Santé, 1992, p. 142.

[189] Raoul Dederen, « A Theology of Ordination », p. 24N.

« 1. Les adventistes croient en un appel personnel, divin, au ministère chrétien et ont insisté historiquement sur une procédure de consécration pour ceux ainsi appelés. 2. Par cet acte l'Eglise confirme l'appel en reconnaissant publiquement sa validité. 3. Cette action officielle est également un signe du fait que l'individu ainsi mis à part pour le nouveau ministère est un représentant de l'Eglise. 4. Comme faisant partie de l'acte de consécration, l'Eglise prie pour que le don du Saint-Esprit continue d'être accordé à ceux qui accomplissent le ministère confié à l'Eglise. Mais il est entendu que l'acte lui-même n'a aucune signification ou autorité sacramentelle ou sacerdotale ».[190]

Selon le Nouveau Testament, les ministères ne se limitent pas au pastorat, à l'anciennat et au diaconat. Ces ministères, comme celui d'évêque ou de docteur, se définissent dans un contexte bien particulier. Les anciens, comme les évêques, avaient pour mission de prendre soin du troupeau (Ac 20.28), c'est-à-dire d'accomplir une tâche pastorale. Les diacres étaient initialement chargés d'accomplir un travail humanitaire, même si certains prêchaient et baptisaient. Quant aux docteurs, il leur incombait la tâche de l'enseignement de la saine doctrine.

Considérant les différents ministères et la question liée à la consécration, les opposants à la consécration des femmes peinent à admettre que le contexte de l'Eglise primitive du Ier siècle était différent du contexte de l'Eglise du XXIe siècle. Et pourtant il faut bien se rendre à l'évidence que l'Eglise adventiste du XIXe, du XXe et du XXIe siècles a fait des choix contextuels. Actuellement, le ministère pastoral, en plus d'être consécutif à un appel est devenu une profession avec tout ce qui lui est lié. Comment donc dans le contexte qui est le nôtre ose-t-on interdire à une femme l'accès à une profession pour la seule raison qu'elle est une femme ?

Puisque le pastorat est une profession, il faut une formation avant de l'exercer, il faut une préparation, des études et des diplômes, ce qui n'était pas le cas au Ier siècle. Dederen souligne que

---

[190] Raoul Dederen, « A Theology of Ordination », p. 24N.

« Bien que la prédication demeure le moyen le plus général de communiquer l'Évangile, on attend également du ministre d'aujourd'hui qu'il soit un enseignant, un dirigeant dans le culte, un berger et également un expert dans l'art de la pastorale ».[191]

A cela il convient d'ajouter la maîtrise des moyens de communications actuels (réseaux sociaux, informatique...). Pour Dederen

« La spécialisation n'est pas incompatible avec l'appel chrétien au ministère pastoral, pour autant qu'elle serve à sa première vocation, la proclamation de Jésus-Christ et la communication de l'évangile ». [...] Ainsi nous pouvons parler des ministères de la musique, de l'éducation religieuse, de la jeunesse, du travail social, des soins pastoraux et de la relation d'aide. Ne devraient-ils pas tous être dûment et correctement reconnus par la consécration au ministère chrétien ? [...] Le ministère contemporain inclut également la guérison. Les membres de cette équipe de soins sont, parmi d'autres, le médecin, le psychiatre, le psychologue, l'éducateur, tous ceux qui sont concernés par les besoins de toute la personne. [192]

A ce sujet, dans le *Manuscrit 5* de 1908, Ellen White[193] écrit que

« L'œuvre du vrai missionnaire médical est en grande partie de nature spirituelle. Elle inclut la prière et l'imposition des mains ; c'est pourquoi ce médecin devrait être aussi solennellement consacré pour son ministère que le prédicateur de l'Evangile. Ceux qui sont choisis pour servir en qualité de médecins missionnaires doivent donc être consacrés comme tels ».

Dans le paragraphe intitulé *Le ministère des femmes* dans son article « A Theology of Ordination », Dederen souhaite que l'Eglise se penche davantage sur la question de la théologie de la consécration. Il dit :

---

[191] Raoul Dederen, « A Theology of Ordination », p. 24N.

[192] *Ibid*, p. 24N-O.

[193] Voir Ellen White, *Evangéliser*, p. 490-491.

« Il est possible qu'un regard plus attentif de notre théologie de la consécration puisse aider à résoudre d'autres problèmes délicats, parmi lesquels il y a le problème du ministère des femmes. Négligé depuis si longtemps, ce problème est à présent une préoccupation des Eglises dans le monde entier. » [...]

Les idées de Paul sur l'égalité des sexes et sur la nature et le statut de la femme ont joué un rôle décisif dans l'émergence du rôle des femmes dans le monde. Sur la base du concept biblique du sacerdoce de tous les croyants et sur la base d'une étude exégétique des données bibliques pertinentes sur le sujet (qui prend pleinement en considération l'ensemble des tendances bibliques concernant la relation homme-femme et le rôle des femmes dans l'Eglise), j'ai été amené à conclure qu'il n'existe aucun argument théologique concluant pour nier la consécration des femmes au ministère évangélique ». [194]

---

[194] Raoul Dederen, « A Theology of Ordination », p. 240.

Synthèse et ouverture

Le Nouveau Testament rapporte l'histoire d'une Eglise naissante. Il s'agit d'un corps qui s'organise progressivement et qui, au cours des années, se rend compte des besoins internes et externes. Le choix se porte donc sur certaines personnes capables de diriger, d'administrer, de prêcher, d'enseigner, de soigner, de consoler. Bref, de s'occuper de celles et ceux qui font confiance à celui qui est la tête, Christ, mais qui n'est plus là.

Le Nouveau Testament ne met pas en évidence un mode cérémoniel unique et particulier dans le cas de l'imposition des mains. L'Eglise a dû s'organiser et se structurer au cours des siècles et elle a donc formalisé certains actes.

Pour mettre à part des personnes pour des fonctions spécifiques, l'Eglise adventiste a choisi une forme d'action ; un lieu et un moment. La cérémonie est publique. Elle se déroule généralement dans un lieu de culte ou lors d'une assemblée spéciale. Le geste est véritablement physique, comme pour le baptême et la cène. La cérémonie est accompagnée de paroles qui font état d'encouragements, de la description de la mission, du soutien de Dieu et de la communauté.

L'Eglise adventiste a choisi de ne pas nommer d'évêques (épiscopes/surveillants) parmi ses responsables, considérant que ce rôle pouvait être assumé par les anciens et par les pasteurs. Elle a choisi de ne pas nommer d'apôtres, considérant que l'itinérance des pasteurs et des missionnaires pouvait tenir lieu d'envoyés.

L'Eglise adventiste a choisi de ne pas consacrer systématiquement les enseignants (docteurs) et pourtant les enseignants et les pasteurs forment un même corps selon ce que dit Paul en Ephésiens 4.11. De plus, il écrit aux Corinthiens (1Co 12.28) que Dieu a établi des docteurs dans l'Eglise. Elle a aussi choisi de ne pas rémunérer les anciens, pourtant cela est proposé en 1 Timothée 5.17-18 (*diplēs timēs,* double salaire). Le mot *timē* signifie entre autres, « honneur conféré par compensation ».[195]

L'Eglise adventiste a choisi de limiter géographiquement les activités des diacres et des anciens et de considérer que le pasteur pouvait exercer ses

---

[195] BDAG 1005.

fonctions dans le monde entier, alors que cet aspect n'est pas abordé clairement dans le Nouveau Testament. Il en va de même pour la période de l'exer-
cice de ces fonctions : les diacres et les anciens sont nommés pour un temps
bien précis, alors qu'il n'y a pas de limites temporelles pour les pasteurs.

Tous ces éléments montrent bien qu'il est impossible d'appliquer à la lettre
l'organisation administrative des Eglises du 1ᵉʳ siècle et que nous sommes
contraints de faire des adaptations que nous dictent certains impératifs et
certaines volontés humaines. L'Eglise va même au-delà de ce que nous disent
les textes du Nouveau Testament en matière de mise à part que nous appelons « consécration », et c'est très bien ainsi.

En 2019, le trésorier de la Division Intereuropéenne (EUD) a été consacré au ministère de l'Eglise.[196] L'article qui relate cette cérémonie s'intitule :
« Norbert Zens a reçu la reconnaissance de l'Eglise pour servir dans la mission ». Le Nouveau Testament est muet concernant la consécration d'un trésorier, et pourtant l'Eglise le fait régulièrement. Et là encore c'est très bien,
car l'absence de texte n'implique pas une interdiction d'agir. Dans ce cas, cela
s'est fait non pour envoyer un homme en mission, comme cela se faisait dans
l'Eglise naissante, mais « par reconnaissance de l'Eglise ». C'est là aussi une
variante par rapport au sens donné aux envois en mission dans les textes du
Nouveau Testament.

Je n'ai aucun problème à comprendre qu'un trésorier ait été consacré,
mais nous devons accepter une fois de plus que nous interprétons les textes
du Nouveau Testament en fonction de nos besoins propres, et c'est très bien
ainsi. Le *Bulletin d'information adventiste* (BIA) du 27 novembre 2019 rapporte les propos de Norbert Zens comme suit :

> « Cette ordination change-t-elle quelque chose pour moi ? » interpelle
> Zens : « Oui et non. Non, parce que je sais que Dieu m'a appelé à ce mi-
> nistère ; appel qui ne dépend donc pas de l'ordination. Oui, parce que
> cela apporte un grand changement, car c'est une affirmation de cet ap-
> pel que l'Eglise apporte, et j'en suis profondément reconnaissant », a

---

[196] Voir l'article de Corrado Cozzi, « Ordination au ministère de l'église du trésorier de l'EUD »,
Bulletin d'information adventiste (BIA), 27 novembre 2019. Disponible sur : https://actua-
lites.adventiste.org/ordination-au-ministere-de-leglise-du-tresorier-de-leud/

affirmé Zens. Il conclut : « Honnêtement, j'aimerais que cette consécration s'exprime à tous ceux qui ont été appelés par Dieu à dédier leur vie à sa cause ».[197]

J'apprécie particulièrement cette dernière phrase prononcée par Norbert Zens : « Honnêtement, j'aimerais que cette consécration s'exprime à tous ceux qui ont été appelés par Dieu à dédier leur vie à sa cause ». J'ajoute à cela : qu'ils soient hommes ou femmes, trésoriers, professeurs de théologie ou pasteurs.

Si je lis bien le texte de Paul aux Ephésiens (4.11), je vois qu'il mentionne les *poimenas kai didaskalous* (pasteurs et docteurs). Ces deux mots reliés par la conjonction *kai* (et) peuvent vouloir signifier que les deux accomplissent une même tâche, celle d'enseigner le troupeau et de le nourrir.

Quelques années avant la consécration du trésorier de la Division, alors que j'étais doyen de la Faculté adventiste de théologie à Collonges, j'ai demandé à la Division s'il était possible de consacrer deux professeurs de la Faculté au ministère pastoral. Ils avaient été des anciens très actifs de leurs communautés. Cela leur aurait permis aussi d'accomplir certains actes pastoraux dans leurs déplacements professionnels, puisqu'il faut être pasteur consacré pour les accomplir. La réponse de la Division a malheureusement été négative. Et pourtant c'est bien Dieu qui a établi des docteurs dans l'Eglise selon ce que dit Paul aux Corinthiens (1Co 12.28).

Force est de constater qu'il est impossible pour une Eglise chrétienne de calquer parfaitement son organisation sur l'organisation de l'Eglise du Ier siècle. Il en est de même pour l'Eglise adventiste du septième jour.

Je conclus par quelques déclarations d'éminents théologiens de l'Eglise adventiste, professeurs, professeurs émérites ou anciens professeurs au Séminaire adventiste de théologie de l'Université Andrews, institution de la Conférence générale, qui pour certains ont été des conseillers auprès des plus hautes instances de l'administration de l'Eglise mondiale.

---

[197] Voir l'article de Corrado Cozzi, « Ordination au ministère de l'église du trésorier de l'EUD ».

Dans son chapitre qui traite de la théologie de la consécration[198], Raoul Dederen, ancien doyen et professeur au Séminaire adventiste de théologie de l'Université Andrews, fait la déclaration suivante :

« J'ai été amené à conclure qu'il n'existe aucun argument théologique concluant pour nier la consécration des femmes au ministère pastoral ».

Jacques Doukhan, professeur émérite d'hébreu et d'exégèse de l'Ancien Testament au Séminaire adventiste de théologie de l'Université Andrews écrit que

« La Bible ne fait mention d'aucune femme prêtresse en Israël, non parce que la charge de la prêtrise impliquait des fonctions prophétiques (il y avait des femmes prophétesses en Israël), ou parce que cela impliquait des fonctions de direction (*leadership*) ou d'enseignement (il y avait des femmes juges et « sages » en Israël), mais plutôt à cause de la fonction sacrificielle, le seul acte sacerdotal refusé aux femmes (il n'y a pas de mention biblique de femmes accomplissant des sacrifices en Israël). Cette absence peut être expliquée par l'incompatibilité du sacrifice, normalement associé à la mort et au péché, et la nature physiologique de la femme traditionnellement associée dans la Bible avec la vie et la grossesse messianique. [...]

Ainsi l'identification biblique de la femme comme prêtresse en Eden et dans la communauté des rachetés complète l'approbation biblique de l'onction des femmes comme prophètes et juges. Dans ce contexte, et en réfléchissant à la consécration au ministère pastoral, il n'y a aucune raison d'exclure les femmes ».[199]

Robert Johnston, professeur émérite de Nouveau Testament et des origines du christianisme au Séminaire adventiste de théologie de l'Université

---

[198] Raoul Dederen, « A Theology of Ordination », p. 240.

[199] Jacques B. Doukhan, « Women Priests in Israel : A Case for Their Absence », dans *Women in Ministry*, p. 38-39.

Andrews écrit :

> « Deux femmes dans Romains 16, Junia – représentant le ministère charismatique de l'apostolat, et Phoebe – représentant le ministère par nomination – se tiennent à la porte de l'histoire et maintiennent aujourd'hui ouverte la porte aux femmes pour accéder au ministère. Si 'consécration' signifie simplement accréditation, Junia et Phoebe l'ont clairement eue, car les éloges de Paul à leur égard ne s'expliquent par aucune autre raison ».[200]

Le Professeur Keith Mattingly est bibliste émérite au Séminaire adventiste de théologie de l'Université Andrews. Spécialiste des questions liées à l'imposition des mains, il écrit ceci :

> « L'imposition des mains désigne celui qui a été rempli de l'Esprit et qui est introduit dans sa haute vocation ; elle constitue un gage visible de soutien de la part de Dieu et de la communauté des croyants et place l'individu dans une catégorie spéciale qui lui confère une autorité unique. Il ne s'agit pas d'une autorité de position, mais d'un leadership de service.
>
> Les femmes devraient-elles recevoir l'imposition des mains ? Absolument. [...]
>
> Si ce geste est important, il devrait l'être tout autant pour les pasteurs des deux genres ».[201]

Un homme bien connu des Européens comme c'est le cas de Jacques Doukhan et de Raoul Dederen, le Professeur Daniel Augsburger, alors professeur d'histoire de la théologie au Séminaire adventiste de théologie de l'Université Andrews, écrivait que

---

[200]Robert M. Johnston, « Shapes of Ministry in the New Testament and Early Church », p. 53.
[201] Keith Mattingly, « Laying on of Hands in Ordination : A Biblical Study », p. 71-72.

« Si la consécration est l'expression de la confiance de l'Eglise en une personne choisie pour une mission, elle peut être donnée à tous ceux à qui l'Eglise confie une mission, hommes ou femmes ».[202]

Jo An Davidson, professeure de théologie systématique au Séminaire adventiste de théologie de l'Université Andrews, conclut son étude sur les femmes dans la Bible en disant que :

> « En lisant de plus près les récits de l'Ancien et du Nouveau Testament, on peut constater que l'ensemble du canon affirme la place des femmes, que ce soit à la maison ou dans le ministère public, ou les deux ».[203]

Les membres du Comité sur la Théologie de la Consécration ont passé trois jours (du 21 au 24 juillet 2013) à présenter diverses opinions sur la question. Lors de ces présentations, le Professeur Denis Fortin qui enseigne l'histoire de la théologie au Séminaire adventiste de théologie de l'Université Andrews, duquel il est doyen honoraire et spécialiste des écrits d'Ellen White, concluait en disant :

> « Ellen White comprenait l'ordination comme une consécration au service de l'Eglise qui propose divers ministères et responsabilités aux individus, ces derniers demandant ainsi à Dieu de bénir leurs ministères. Il n'y a aucune indication dans ses écrits que le rite de l'ordination devrait être limité aux hommes ou qu'il devrait être utilisé pour établir un système de hiérarchie au sein de l'Eglise. Elle a vivement encouragé l'implication des femmes au sein de tous les ministères ».[204]

---

[202] Daniel A. Augsburger, « Clerical Authority and Ordination in the Early Christian Church », dans *Women in Ministry*, p. 96.

[203] Jo Ann Davidson, « Women in Scripture : A Survey And Evaluation », dans *Women in Ministry*, p. 179.

[204] « Consécration des femmes comme pasteures – position de théologiens », disponible sur : https://alelouya.org/publications/consecration-des-femmes-comme-pasteures-position-de-theologiens/

Lors de cette même rencontre, Richard Davidson, professeur d'Ancien Testament au Séminaire adventiste de théologie de l'Université Andrews faisait remarquer que le cœur du débat se situe dans les trois premiers chapitres de la Genèse. Il écrit que

« D'après Genèse 1.27,28, l'homme aussi bien que la femme reçoivent la même bénédiction. Les deux partagent la même responsabilité de remplir la terre par la procréation. Les deux sont appelés à assujettir la terre. Les deux reçoivent le même ordre de domination sur toutes les créatures non-humaines de la création ».[205]

Quant à Teresa Reeve, professeure de Nouveau Testament au Séminaire adventiste de théologie de l'Université Andrews, première femme nommée vice-doyenne du Séminaire de théologie, elle arrivait à la conclusion que

« La pratique de l'ordination dans le Nouveau Testament en tant qu'élection formelle et l'assignation d'un individu à un ministère ou à un rôle n'est pas une entrave à l'ordination de femmes qualifiées aptes à servir en tant que pasteurs ».[206]

L'actuel doyen du Séminaire adventiste de théologie de l'Université Andrews, le Professeur Jiri Moskala, professeur d'exégèse et de théologie de l'Ancien Testament, lors de ces mêmes présentations a conclu que

« D'un point de vue théologique, il n'y a pas matière pour interdire la consécration des femmes. Au contraire, une analyse théologique biblique nous oriente dans cette direction ultime, car l'Esprit de Dieu fait tomber toutes les barrières qui pourraient exister entre différents groupes de personnes au sein de l'Eglise et accorde gratuitement ses dons spirituels à tous, y compris aux femmes, afin d'accomplir la mission à laquelle Dieu nous a tous appelés ».[207]

---

[205] « Consécration des femmes comme pasteures – position de théologiens ».
[206] *Ibid.*
[207] *Ibid.*

Depuis les années 1960, les théologiens et les administrateurs réfléchissent au « pour » et au « contre » concernant la consécration des femmes au ministère pastoral, cela fait maintenant plus de 60 ans. Régulièrement la question revient au cours des différentes sessions de la Conférence générale et c'est toujours le statu quo. Depuis bien longtemps maintenant, les théologiens ont compris que le blocage ne venait pas des textes bibliques, ni des positions d'Ellen White, mais que c'était affaire de culture.

Et pourquoi ne pas procéder de la même manière que pour la consécration des femmes à l'anciennat ? C'est-à-dire donner à chaque Division la liberté de faire son choix. Le « non » répétitif depuis des décennies est uniquement motivé par la question de l'unité de l'Eglise. Ne confondons-nous pas unité avec uniformité ? Le fait d'avoir laissé la liberté aux Divisions qui le souhaitaient de consacrer les femmes à l'anciennat n'a pas divisé l'Eglise. Il y a de vrais sujets théologiques qui risquent peut-être de la diviser.

L'Eglise adventiste a pris la décision administrative depuis qu'elle existe de considérer que le pasteur consacré peut exercer son ministère et présider à tous les offices de l'Eglise dans le monde entier. Cette décision est respectable, mais elle n'est pas fondée sur les textes néotestamentaires qui rapportent l'organisation de l'Eglise chrétienne du Ier siècle, elle est fondée sur une décision administrative qui, après avoir fait une relecture des textes du Nouveau Testament, a adapté un schéma de fonctionnement à une structure moderne.

Il serait donc possible de consacrer des femmes au ministère pastoral dans certaines régions du monde où cela aiderait à la propagation de l'Evangile sans pour autant déstabiliser les régions qui ne pourraient pas s'octroyer cette possibilité pour des raisons socioculturelles.

Nous ne devons pas oublier que les femmes consacrées à l'anciennat et qui occupent des positions pastorales dans certaines Unions et Fédérations accomplissent le même travail que les pasteurs consacrés sachant que selon le Nouveau Testament, l'anciennat et l'épiscopat étaient des aspects constituant la charge du pasteur/berger qui avait pour mission de nourrir le troupeau.

A nouveau, c'est l'Eglise adventiste qui a décidé de différencier la fonction de l'ancien de celle du pasteur. Pour le Nouveau Testament, c'était une seule et même fonction (Ac 20.28). Si donc une femme est ancien d'une communauté, elle en est du même coup son pasteur. Pourquoi alors lui refuser la consécration au ministère pastoral, quand les textes bibliques ne s'y opposent pas ?

Allons-nous passer les soixante prochaines années à nous demander si oui ou non nous allons consacrer les femmes au ministère pastoral alors que nous les consacrons déjà au diaconat et à l'ancienneté, ce que les récits du Nouveau Testament n'attestent pas ? Nous prêchons le retour du Seigneur, et nous avons raison de le faire. Il serait donc utile de ne pas perdre trop de temps à des débats stériles et de nous mettre ensemble, femmes et hommes, consacrés dans tous les sens du terme afin de faire connaître le salut en Jésus-Christ au plus grand nombre.

Parmi les centaines d'étudiantes et d'étudiants en théologie que j'ai eu le privilège de côtoyer, combien ne m'ont pas dit qu'ils répondaient à un appel de Dieu à servir dans le ministère pastoral. Ne serait-ce vrai que pour les hommes ? Les étudiantes qui m'ont confié cela ne seraient-elles pas crédibles ? Si ces étudiantes, comme ces étudiants, ont reçu cet appel de Dieu et veulent consacrer leur vie à être des collaborateurs de Dieu dans la prédication de l'évangile du Christ, pour reprendre les paroles de Paul, comment l'Eglise adventiste s'arroge-t-elle le droit de reconnaître cet appel pour les hommes et de le ratifier par une imposition des mains que l'on appelle volontiers une consécration et de refuser l'imposition des mains aux femmes, donc la consécration ? L'Eglise s'octroie-t-elle le droit de décider si une vocation divine est valable pour les hommes et pas pour les femmes ? Car refuser la consécration au ministère pastoral à une femme revient, me semble-t-il, à ne pas reconnaître l'appel divin qu'elle a reçu.

Après avoir passé ma vie professionnelle à étudier la Bible et à l'enseigner, j'arrive à la conclusion, comme mes collègues professeurs cités plus haut, qu'il n'y a aucun argument théologique qui s'oppose à la consécration des femmes au ministère pastoral.

Bibliographie

Alexandre Monique, « De l'annonce du Royaume à l'Eglise », dans Pauline Schmitt Pantel (éd.), *Histoire des femmes en Occident. I. L'Antiquité*, Paris, Perrin, 2002, p. 537-579.

Annual Statistical Report, 2023, New Series, Volume 5. Report of the General Conference of Seventh-day Adventists' 2022 Statistics. Office of Archives, Statistics, and Research. Seventh-day Adventist Church, 12501 Old Columbia Pike, Silver Spring, MD 20904.

Apocalypse de Pierre, dans Bovon François et Geoltrain Pierre (éd.), *Écrits apocryphes chrétiens*, vol. 1, Paris, Gallimard, 1997, p. 745-774.

Augsburger Daniel A., « Clerical Authority and Ordination in the Early Christian Church », dans Nancy Vyhmeister (éd.), *Women in Ministry. Biblical & Historical Perspectives*, Berrien Springs, MI, Andrews University Press, 1998, p. 77-100.

Aynard Laure, *La Bible au féminin. De l'ancienne tradition à un christianisme hellénisé*, Paris, Cerf, 1990.

Bacchiocchi Samuele, *Women in the Church. A Biblical Study on the Role of Women in the Church*, Berrien Springs, MI, Biblical Perspectives, 1987.

Bacchiocchi Samuele, « Headship, Submission, and Equality in Scripture », dans Mercedes H. Dyer (éd.), *Prove All Things, a Response to Women in Ministry*, Berrien Springs, Adventists Affirm, 2000, p. 65-110.

Bailly Anatole, *Dictionnaire grec français*, Paris, Hachette, 1950.

Barrett Charles Kingsley, *The First Epistle to the Corinthians*, Londres, A. & C. Black, 1986.

Boismard Marie-Émile, *L'énigme de la lettre aux Éphésiens*, Paris, Gabalda, 1999.

Bouttier Michel, *L'Epître de saint Paul aux Ephésiens*, Genève, Labor et Fides, 1991.

Campbell-Morgan George, *La première épître aux Corinthiens*, Saint-Légier, Emmaüs, [s. d.].

Catéchisme de l'Eglise catholique, Paris, Mame/Plon, 1992.

Chantraine Pierre, *Dictionnaire étymologique de la langue grecque. Histoire des mots*, Paris, Klincksieck, 1968.

Ciampa Roy et Rosner Brian, *The First Letter to the Corinthians*, Grand Rapids/Cambridge, Eerdmans/Apollos, 2010.

« Columbia Union Executive Committee Calls Special Constituency Meeting to Authorize Ordinations Without Regard to Gender ». https://www.columbiaunion.org/sites/default/files/officialstatement_may172012.pdf

Concordance Strong française – Lexiques Hébreu/Araméen et Grec. https://www.lueur.org/bible/hebreu-grec/grec/p

« Consécration des femmes comme pasteures – position de théologiens ». https://alelouya.org/publications/consecration-des-femmes-comme-pasteures-position-de-theologiens/

Côté Julienne, *Cent mots-clés de la théologie de Paul*, Ottawa, Novalis/Cerf, 2000.

Cozzi Corrado, « Ordination au ministère de l'église du trésorier de l'EUD », *Bulletin d'information adventiste* (BIA), 27 novembre 2019. https://actualites.adventiste.org/ordination-au-ministere-de-leglise-du-tresorier-de-leud/

Culver Robert, « מָשַׁל », *TWOT* 1, p. 534-535.

Danet Anne-Laure, « 1 Timothée 2.8-15 et le ministère pastoral féminin », *Hokhma* 44 (1990), p. 23-44.

Danker Frederick W., Bauer Walter, Arndt William F. and Gingrich F. Wilburg, *Greek-English Lexicon of the New Testament and Other Early Christian Literature*, 3rd ed., Chicago, University of Chicago Press, 2000.

Davidson Jo Ann, « Women in Scripture: A Survey And Evaluation », dans Nancy Vyhmeister (éd.), *Women in Ministry. Biblical & Historical*

Perspectives, Berrien Springs, MI, Andrews University Press, 1998, p. 157-186.

Davidson Richard, « Headship, Submission, and Equality in Scripture », dans Nancy Vyhmeister (éd.), *Women in Ministry. Biblical & Historical Perspectives*, Berrien Springs, MI, Andrews University Press, 1998, p. 259-295.

Davidson Richard, *L'interprétation de la Bible*, Collonges-sous-Salève, Faculté adventiste de théologie, 2008.

Davidson Richard, « The Genesis Account of Origins », dans Gerald A. Klingbeil (éd.), *The Genesis Creation Account and its Reverberations in the Old Testament*, Berrien Springs, Andrews University Press and the General Conference of Seventh-day Adventists, 2015, p. 59-129.

Dederen Raoul, « A Theology of Ordination », *Ministry*, février 1978, p. 24K-24P.

Dederen Raoul, « Nature of the Church », *Ministry*, février 1978, p. 24B-24F.

Dederen Raoul, « The Church » dans, Raoul Dederen (éd.), *Handbook of Seventh-day Adventist Theology*, (Commentary reference series 12), Hagerstown, MD, Review and Herald Publishing Association and the General Conference of Seventh-day Adventists, 2000.p. 538-581.

Delorme Jean, « Diversité et unité des ministères d'après le Nouveau Testament », dans Jean Delorme (éd.), *Le ministère et les ministères selon le Nouveau Testament*, Paris, Seuil, 1974, p. 283-346.

Denis Henri et Delorme Jean, « La participation des femmes aux ministères », dans Jean Delorme (éd.), *Le ministère et les ministères selon le Nouveau Testament*, Paris, Seuil, 1974, p. 505-511.

Doukhan Jacques B., « Women Priests in Israel : A Case for Their Absence », dans Nancy Vyhmeister (éd.), *Women in Ministry. Biblical & Historical Perspectives*, Berrien Springs, MI, Andrews University Press, 1998, p. 29-43.

Doukhan Jacques, *Genesis*, Seventh-day Adventist International Bible Commentary, Nampa, ID, Pacific Press/Review and Herald, 2016.

Doukhan Jacques, *Genesis*, Dammarie les Lys, Vie et Santé, 2022.

Duval-Poujol Valérie, *La Bible est-elle sexiste ?* Empreinte temps présent, 2021.

Dyer Mercedes H. (éd.), *Prove All Things: A Response to Women in Ministry*, Berrien Spring, MI, Adventists Affirm, 2000.

Dyer Mercedes, « Epilogue », dans Mercedes H. Dyer (éd.), *Prove All Things: A Response to Women in Ministry*, Berrien Springs, Adventists Affirm, 2000, p. 354.

« Epilogue », dans Nancy Vyhmeister (éd.), *Women in Ministry. Biblical & Historical Perspectives*, Berrien Springs, Andrews University Press, 1998, p.433-436.

Epp Elton Jay, *Junia. Une femme apôtre ressuscitée par l'exégèse*, Genève, Labor et Fides, 2014.

Fabry Heinz-Josef, « צֶלַע », *TDOT* 12, p. 400-405.

Flori Jean, *Genèse ou l'antimythe*, Dammarie-lès-Lys, S.D.T., 1980.

Gaffiot Félix, *Dictionnaire illustré latin français*, Paris, Hachette, 1934.

George Augustin, « L'œuvre de Luc : Actes et évangile », dans Jean Delorme (éd.), *Le ministère et les ministères selon le Nouveau Testament*, Paris, Seuil, 1974, p. 207-240.

Grelot Pierre, « Les épîtres de Paul : la mission apostolique », dans Jean Delorme (éd.), *Le ministère et les ministères selon le Nouveau Testament*, Paris, Seuil, 1974, p. 34-56.

Grudem Wayne, *Systematic Theology. An Introduction to Biblical Doctrine*, Leicester, Inter-Varsity Press, 1994.

Héring Jean, *La première épître de saint Paul aux Corinthiens*, Neuchâtel, Delachaux et Niestlé, 1959.

Holmes Raymond, « Does Paul Really Forbid Women to Speak in Church ? A Closer Look at 1 Timothy 2.11-15 », dans *Prove All Things, a Response to Women in Ministry*, Berrien Springs, Adventists Affirm, 2000, p. 161-174.

Hooker Morna, « Authority on Her Head : An examination of 1 Cor. 11:10 », *New Testament Studies* 10 (1964), p. 410-416.

Hugedé Norbert, *L'Epître aux Ephésiens*, Genève, Labor et Fides, 1973.

Jacob Edmond, *Théologie de l'Ancien Testament*, Neuchâtel, Delachaux et Niestlé, 1968.

Jeremias Joachim, « ποιμήν », *TDNT* 6, p. 485-502.

Johnston Robert, « Shapes of Ministry in the New Testament and Early Church », dans Nancy Vyhmeister (ed.), *Women in* Ministry. *Biblical & Historical Perspectives*, Berrien Springs, Andrews University Press, 1998, p. 45-58.

Josèphe Flavius, *Contre Apion* 2, 199.

Keener Craig, *Paul, Women and Wives. Marriage and Women's Ministry in the Letters of Paul*, Peabody, Hendrickson Publishers, 2004.

Koranteng-Pipim Samuel, « Theology or Ideology ? Background, Methodology, and Content of *Women in Ministry* », dans *Prove All Things, a Response to Women in Ministry*, Berrien Springs, Adventists Affirm, 2000, p. 17-44.

La Follette Laetitia, « The Costume of the Roman Bride », dans Judith Lynn Sebesta et Larissa Bonfante (éd.), *The World of Roman Costume*, Madison, University of Wisconsin Press, 2001, p. 54-64.

Lipinski Edward, « עֵזֶר », *TDOT* 11, p. 12-17.

Lohse Eduard, « χειροτονέω », *TDNT* 9, p. 437.

Manuel d'Eglise, Dammarie-les-Lys, Les Signes des Temps, [1932] 1935.

Manuel d'Eglise, Dammarie-les-Lys, Vie et Santé, [1995] 1997.

Manuel d'Eglise, Dammarie-les-Lys, Vie et Santé, [2010] 2011.

Manuel d'Eglise, Doral, Inter-American Division Publishing Association, 2022.

Marguerat Daniel, *L'aube du christianisme*, Genève/Paris, Labor et Fides/Bayard, 2008.

Marguerat Daniel, *Les Actes des apôtres (13-28)*, Commentaire du Nouveau Testament, deuxième série, Vb, Genève, Labor et Fides, 2015.

Mattingly Keith, « Laying on of Hands in Ordination : A Biblical Study », dans Nancy Vyhmeister (éd.), *Women in Ministry. Biblical & Historical Perspectives*, Berrien Springs, Andrews University Press, 1998, p. 59-74.

Metzger Bruce, *A Textual Commentary on the Greek New Testament*, 3rd edition, London/New York, United Bible Societies, 1975.

Meyer Roland, *Paul et les femmes*, Collonges-sous-Salève/Dammarie-lès-Lys, Faculté adventiste de théologie/Vie et Santé, 2013.

Murphy-O'Connor Jerome, « 1 Cor 11.2-16 Once Again », *Catholic Biblical Quarterly* 50 (1988), p. 265-274.

Nestle-Aland, *Novum Testamentum Graece*, 28. revidierte Auflage, Deutsche Bibelgesellschaft, 2012.

« Ordination of Women », [General Conference] Officers' Meeting, 3 mai 1950, GC Archives.

Perrot Charles, *Après Jésus. Le ministère chez les premiers chrétiens*, Paris, Atelier/Ouvrières, 2000.

Philon d'Alexandrie, *Quaestiones in Genesim* I, 43.

Platon, *La République. Du régime politique* V, 455b-e.

Rakotoharintsifa Andrianjatovo, *Conflits à Corinthe. Eglise et société selon 1 Corinthiens. Analyse socio-historique*, Genève, Labor et Fides, 1997.

Reike Bo, « προΐστημι », *TDNT* 6, p. 700-703.

Rengstorf Karl Heinrich, « διδάσκαλος », *TDNT* 2, p. 148-159.

Revue adventiste, septembre 1995, p. 12-13.

Reynier Chantal, *L'épître aux Ephésiens*, Paris, Cerf, 2004.

Reynier Chantal, « L'Épître aux Éphésiens », dans Chantal Reynier et Michel Trimaille (éd.), *Les épîtres de Paul*, vol. III, Paris/Outremont (Québec), Bayard/Centurion/ Novalis, 1997, p. 11-69.

Reynolds Edwin, « Biblical Hermeneutics and Headship in First Corinthians ». https://www.adventistarchives.org/biblical-hermeneutics-and-headship-in-first-corinthians.pdf

Richter Eric, « Women Conference Presidents : a Forgotten History », 17 décembre 2020. https://record.adventistchurch.com/2020/12/17/women-conference-presidents-a-forgotten-history/

Sander Nathaniel Philippe et Trenel Isaac Léon, *Dictionnaire Hébreu-Français*, Paris, Comptoir du livre du Keren Hasefer, 1965.

Schultz Carl, « עָזַר », *TWOT* 2, p. 660-661.

Sénèque, *De la constance du sage* I, 1.

Senft Christophe, *La première épître de saint Paul aux Corinthiens*, Neuchâtel, Delachaux et Niestlé, 1979.

Skinner John, *Genesis*, International Critical Commentary, Édimbourg, T. & T. Clark, 1930.

Stendebach Franz Josef, « צֶלֶם », *TDOT* 12, p. 386-396.

Theological Dictionary of the New Testament, Grand Rapids, MI, Eerdmans, Vol. 1-9, 1964-1974.

Theological Wordbook of the Old Testament, Chicago, MI, Moody Press, Vol. 1-2, 1980.

Theology of Ordination. Study Committee Report, June 2014, Silver Spring, MD, General Conference of Seventh-day Adventists, 2014.

Thompson Alden, « Utrecht : A 'Providential' Detour ? », *Ministry*, octobre 1997, p. 18-21.

Trim David, « Un spectacle nouveau. Origines et premières années des camp-meetings adventistes », *Adventist World*, juin 2024, p. 24-25.

Uehlinger Christoph, « Genèse 1-11 », dans Thomas Römer, Jean-Daniel Macchi et Christophe Nihan (éd.), *Introduction à l'Ancien Testament*, Genève, Labor et Fides, 2009, p. 197-216.

Van Bemmelen Peter, « Equality, Headship, and Submission in The Writings of Ellen G. White », dans Nancy Vyhmeister (éd.), *Women in Ministry. Biblical & Historical Perspectives*, Berrien Springs, Andrews University Press, 1998, p. 297-311.

Vyhmeister Nancy (éd.), *Women in Ministry. Biblical & Historical Perspectives*, Berrien Springs, MI, Andrews University Press, 1998.

Vyhmeister Nancy Jean, « Proper Church Behavior in 1 Timothy 2:8-15 », dans Nancy Vyhmeister (éd.), *Women in Ministry. Biblical & Historical Perspectives*, Berrien Springs, Andrews University Press, 1998, p. 335-354.

Waber Karl, *Aperçu de l'histoire des adventistes du septième jour en Suisse de 1865 à 1901*, Krattigen, Advent-Verlag, 2024.

Wahlen Clinton and Gina, *Women's Ordination. Does it Matter ?*, Silver Spring, MD, Bright Shores, 2015.

« White Ellen G., Ministerial Credentials ». https://whiteestate.org/about/issues1/ref-lib/add-docs/credentials/

White Ellen G., « The Duty of the Minister and the People », *The Advent Review and Sabbath Herald*, 9 juillet 1895.

White Ellen G., *Manuscrit* 43a, 1898.

White Ellen G., « Words to Lay Members », *The Adventist Review and Sabbath Herald*, 26 août 1902.

White Ellen G., « An Appeal to Our Churches Throughout the United States », *The Adventist Review and Sabbath Herald*, 18 mai 1911.

White Ellen G., *The Acts of the Apostles, In the Proclamation of the Gospel of Jesus Christ*, Mountain View, CA, Pacific Press Publishing Association, 1911.

White Ellen G., *Evangéliser*, Dammarie les Lys, Vie et Santé, [1946] 1986.

White Ellen G., *Testimonies for the Church*, Vol. 3, Mountain View, CA, Pacific Press Publishing Association, 1948.

White James, « Eastern Tour », *The Adventist Review and Sabbath Herald*, 15 novembre 1853.

Wilshire Leland Edward, « The TLG Computer and Further Reference to ΑΥΘΕΝΤΕΩ in 1 Timothy 2.12 », *New Testament Studies* 34 (1988), p. 120-134.

Winter Bruce W., *Roman Wives, Roman Widows. The Appearance of New Women and the Pauline Communities*, Grand Rapids/ Cambridge, Eerdmans, 2003.

Wolff Hans Walter, *Anthropologie de l'Ancien Testament*, Genève, Labor et Fides, 1974.

Xénophon, *Économique* VII, 22-28.

Table des matières